Bunte Salate

111 leckere Salat-Rezepte zum Nachmachen

Jana Pradler

Salat Rezepte

1. Apfel-Speck-Salat mit Schalotten

Portionen: 4-6 Personen

Zutaten:

- 8 rote Äpfel
- 250 g Schinkenwürfel/ Speckwürfel
- 3 Schalotten

- 1-2 EL Agavendicksaft oder
  1-2 EL brauner Zucker
- ½ TL Zimt
- etwas Öl oder Fett zum Braten

Zubereitung:

1. Als Erstes die Äpfel waschen, schälen, entkernen und in kleine Würfel schneiden.
2. In einer Pfanne etwas Öl erhitzen, den Speck braten und erstmals beiseite stellen.
3. Nun die Schalotten schälen und in feine Würfel schneiden.
4. Alle Zutaten in eine Schüssel geben und umrühren.
5. Zum Schluss abschmecken und servieren.

2. Ananas-Gurken-Salat mit Chili

Portionen: 4-6 Personen

Zutaten:

- 1 Ananas
- 2 Salatgurken
- 1 kleine Chilischote
- etwas Olivenöl oder Rapsöl

- Saft einer Zitrone
- etwas Agavendicksaft oder Honig
- Salz und Pfeffer

Zubereitung:

1. Als Erstes die Ananas schälen und in mundgerechte Würfel schneiden.
2. Die Salatgurke waschen, putzen, längs halbieren und in Stücke schneiden.
3. Nun die Chilischote waschen, entkernen und in Röllchen schneiden.
4. Alle Zutaten in eine Schüssel geben und umrühren.
5. Zum Schluss Agavendicksaft oder Honig hinzufügen, würzen und servieren.

3. Ananas-Hähnchen-Salat mit Kokos-Dressing

Portionen: 4-6 Personen

Zutaten:

- 1 Ananas
- 650 g Hähnchenbrustfilet
- 2 Fck. Rucola
- 1 Dose Kidneybohnen
- Saft aus 2 Limetten
- 3 EL Kokosöl
- 2 EL Chia-Samen
- etwas Agavendicksaft
- Öl zum Braten

Zubereitung:

1. Zuerst das Fleisch putzen und in Streifen schneiden.
2. In einer Pfanne etwas Öl erhitzen, das Fleisch darin braten und erstmal beiseitestellen.
3. In der Zwischenzeit den Rucola waschen und gründlich putzen.
4. Nun die Kidneybohnen durch ein Sieb geben, mehrmals waschen und trockentupfen.
5. Für das Dressing werden Chia-Samen, Kokosöl, Limetten- und Agavendicksaft miteinander vermischt und gründlich verrührt.
6. Alle Zutaten in eine Schüssel geben und servieren.

4. Artischocken-Nektarinen-Salat

Portionen: 4-6 Personen

Zutaten:

- 1 große Dose Artischockenherzen
- 7 Nektarinen
- 2 Zwiebeln
- 1 kleines Bund glatte Petersilie
- etwas Olivenöl
- Saft einer halben Zitrone
- Salz und Pfeffer
- etwas Öl zum Braten

Zubereitung:

1. Zuerst die Artischocken durch ein Sieb geben, mehrmals waschen und abtropfen lassen.
2. In einer Pfanne etwas Öl erhitzen, die Artischockenherzen braten und erstmal beiseitestellen.
3. In der Zwischenzeit die Nektarinen waschen, entkernen und in feine Streifen schneiden.
4. Die Zwiebeln schälen und in Ringe schneiden.
5. Nun die Petersilie waschen und fein hacken.
6. Alle Zutaten anschließend in eine Schüssel geben und umrühren.
7. Zum Schluss würzen und servieren.

5. Asiatischer Quinoa-Salat

Portionen: 4-6 Personen

Zutaten:

- 3 Tassen Quinoa
- 6 Tassen Wasser
- 300 g Reisnudeln
- 4 Karotten
- 3 Frühlingszwiebeln
- 1 Schalotte
- etwas Olivenöl
- Salz und Pfeffer

Zubereitung:

1. Zuerst den Quinoa mehrmals waschen und verlesen.
2. Wasser, Quinoa und etwas Salz in einen Topf geben, gar kochen und für etwa 10 Minuten quellen lassen.
3. Anschließend den Quinoa umfüllen und abkühlen lassen.
4. In der Zwischenzeit die Karotten schälen, waschen, längs halbieren und in Scheiben schneiden.
5. Die Schalotte schälen und in feine Würfel schneiden.
6. Nun die Frühlingszwiebeln schälen, waschen und in Röllchen schneiden.
7. Danach die Reisnudeln mit heißem Wasser übergießen, 5 Minuten einziehen lassen und auswringen.
8. Zum Schluss alle Zutaten in eine Schüssel geben, gut würzen, Öl hinzufügen und servieren.

6.Avocado-Caprese-Salat

Portionen: 4-6 Personen

Zutaten:

- 5 Avocados
- 450 g Mozzarella Kugeln
- 1 kg Cherrytomaten
- 1 kleines Bund glatte Petersilie

- etwas Olivenöl oder Rapsöl
- 3 EL Balsamico
- Salz und Pfeffer

Zubereitung:

1. Als Erstes die Avocados halbieren, entkernen und das Fruchtfleisch würfeln.
2. Die Cherrytomaten waschen und halbieren.
3. Nun die Mozzarella Kugeln aus der Salzlake entnehmen und trockentupfen.
4. Anschließend alle Zutaten in eine Schüssel geben und vorsichtig umrühren.
5. Zum Schluss Balsamico und Öl hinzufügen, gut würzen und sofort servieren.

7. Avocado-Lachs-Salat

Portionen: 4-6 Personen

Zutaten:

- 6 Avocados
- 300 g Räucherlachs (2 Pck.)
- 2 Zwiebeln
- 1 kleines Bund glatte Petersilie
- 1 Handvoll Dill
- Saft einer Zitrone
- etwas Olivenöl oder Rapsöl
- Salz und Pfeffer

Zubereitung:

1. Als Erstes die Avocados halbieren, entkernen und das Fruchtfleisch würfeln.
2. Den Räucherlachs in Stücke schneiden.
3. Nun die Zwiebeln schälen, halbieren und in feine Streifen schneiden.
4. Petersilie und Dill waschen und sehr fein hacken.
5. Alle Zutaten nun in eine Schüssel geben und umrühren.
6. Zum Schluss Zitronensaft und Öl hinzufügen, kräftig würzen und servieren.

8. Avocadosalat mit Schweinefilet und Speck

Portionen: 4-6 Personen

Zutaten:

- 6 Avocados
- 300 g Speckwürfel
- 600 g Schweinefilet
- 3 Schalotten
- 3 Orangen
- Saft aus zwei Orangen
- etwas Olivenöl
- 1-2 EL Agavendicksaft
- etwas Öl oder Fett zum Braten
- Salz und Pfeffer

Zubereitung:

1. Als Erstes das Fleisch putzen und in grobe Würfel schneiden.
2. In einer Pfanne etwas Öl oder fett erhitzen, das Fleisch braten und erstmal beiseitelegen.
3. In derselben Pfanne erneut etwas fett erhitzen und den Speck darin braten.
4. Währenddessen die Schalotten schälen und in Streifen schneiden.
5. Die Orangen schälen und filetieren.
6. Für das Dressing werden Orangensaft, Olivenöl, Agavendicksaft, Salz und Pfeffer miteinander vermischt.
7. Alle Zutaten in eine Schüssel geben und umrühren.
8. Zum Schluss das Dressing hinzufügen, umrühren und servieren.

9. Avocado-Schalotten-Salat mit Hackfleisch

Portionen: 4-6 Personen

Zutaten:

- 650 g reines Rinderhackfleisch
- 4 Avocados
- 3 Schalotten
- 1 kleines Bund glatte Petersilie
- 1 Handvoll Koriander
- etwas Rapsöl
- etwas Öl zum Braten
- 2 TL Paprikapulver
- Salz und Pfeffer

Zubereitung:

1. Zuerst etwas Öl in einer Pfanne erhitzen, das Fleisch braten und erstmal beiseitestellen.
2. In der Zwischenzeit die Avocados halbieren, entkernen und das Fruchtfleisch grob würfeln.
3. Nun die Schalotten schälen und in Würfel schneiden.
4. Anschließend Koriander und Petersilie waschen und fein hacken.
5. Zum Schluss alle Zutaten in eine Schüssel geben, kräftig würzen und servieren.

10. Avocado-Shrimps-Salat mit Erbsen

Portionen: 4-6 Personen

Zutaten:

- 750 g Großgarnelen (ohne Schale)
- 5 Avocados
- 2 Tassen Tiefkühl-Erbsen
- Olivenöl
- Saft einer halben Zitrone
- Salz und Pfeffer
- etwas Öl zum Braten

Zubereitung:

1. Als Erstes die Garnelen gründlich waschen, putzen und trockentupfen.
2. In einer Pfanne etwas Öl erhitzen, die Garnelen anbraten und erstmal beiseitestellen.
3. Nun die Avocados halbieren, entkernen und das Fruchtfleisch würfeln.
4. Die Erbsen waschen und abtropfen lassen.
5. Alle Zutaten in eine Schüssel geben, Olivenöl hinzufügen, nochmals würzen und servieren.

11. Avocado-Speck-Salat mit Fetakäse

Portionen: 4-6 Personen

Zutaten:

- 6 Avocados
- 200 g Schinkenwürfel/ Speckwürfel
- 250 g Fetakäse
- etwas Olivenöl oder Rapsöl
- 1 kleines Bund glatte Petersilie
- Salz und Pfeffer
- etwas Öl zum Braten

Zubereitung:

1. Zuerst die Avocados halbieren, entkernen und das Fruchtfleisch in Würfel schneiden.
2. Den Fetakäse aus der Salzlake nehmen und ebenfalls würfeln.
3. Nun die Petersilie waschen und fein hacken.
4. In einer Pfanne etwas Öl erhitzen und den Speck krossbraten.
5. Alle Zutaten in eine Schüssel geben und umrühren.
6. Zum Schluss etwas Öl hinzufügen, würzen und servieren.

12. Avocado-Thunfisch-Salat

Portionen: 4-6 Personen

Zutaten:

- 5 Avocados
- 600 g Thunfisch aus der Dose
- 1 kleine Tube Mayonnaise
- 350 g Creme fraiche
- 50-100 ml Buttermilch
- 2 Schalotten
- Salz und Pfeffer

Zubereitung:

1. Zuerst den Thunfisch aus der Dose nehmen und leicht abtropfen lassen.
2. Die Avocados halbieren, entkernen und das Fruchtfleisch würfeln.
3. Nun die Schalotten schälen und in feine Würfel schneiden.
4. Creme fraiche, Mayonnaise und Buttermilch vorab miteinander vermengen und cremig rühren.
5. Alle Zutaten nun in eine Schüssel geben und umrühren.
6. Zum Schluss kräftig würzen und servieren.

13. Barbecue Pork-Salat

Portionen: 4-6 Personen

Zutaten:

- 2 kg Schweinenacken
- 3 Zwiebeln
- 1 Handvoll Pfefferkörner
- 1 Liter Gemüsebrühe
- 1 Glas Barbecue-Sauce
- 3 EL brauner Zucker

- 5 EL Ketchup
- 2 gelbe Paprikaschoten
- 2 rote Paprikaschoten
- 3 Schalotten
- Salz und Pfeffer

Zubereitung:

1. Zuerst das Fleisch putzen und mit einem scharfen Messer das Fleisch leicht einritzen.

2. Zwiebeln schälen und halbieren.

3. In einen großen Topf Fleisch und Zwiebeln hineingeben, mit Wasser und Brühe begießen und für mindestens 2 Stunden kochen. Anschließend auf mittlerer Hitze stellen und für weitere 60 Minuten köcheln lassen.

4. Sobald das Fleisch fertig ist, auf ein Brett legen und mit einer Gabel gründlich zerrupfen.

5. Barbecue, Ketchup, Salz, Pfeffer und Zucker dazugeben, gründlich umrühren und erstmal beiseitestellen.

6. Nun die Paprikaschoten waschen, entkernen und in grobe Stücke schneiden.

7. Die Schalotten schälen, halbieren und in feine Streifen schneiden.

8. Zum Schluss alles gut miteinander verrühren, eventuell nochmals würzen und sofort servieren.

14. Bohnen-Brot-Salat mit Mango

Portionen: 4-6 Personen

Zutaten:

- 2 große Dosen weiße Bohnen (vorgekocht)
- 5 Scheiben Toastbrot/Weißbrot
- 4 Mangos
- 2 Schalotten
- Saft einer Zitrone
- etwas Olivenöl
- etwas Öl zum Braten
- 1 Bund glatte Petersilie
- Salz und Pfeffer

Zubereitung:

1. Zuerst die Dosen durch ein Sieb geben, mehrmals gründlich waschen und abtropfen lassen.
2. Währenddessen etwas Öl in einer Pfanne erhitzen, das Brot darin goldbraun rösten und in Würfel schneiden.
3. Nun die Mangos schälen, das Fruchtfleisch vom Kern entfernen und in Streifen schneiden.
4. Anschließend die Schalotten schälen und in Ringe schneiden.
5. Die Petersilie waschen und fein hacken.
6. Alle Zutaten in eine Schüssel geben und umrühren.
7. Zum Schluss kräftig würzen und servieren.

15. Bohnensalat mit Granatapfel und Weißkohl

Portionen: 4-6 Personen

Zutaten:

- 1 Weißkohlkopf
- 1 große Dose vorgekochte weiße Bohnen
- 2 Granatäpfel
- 2 Mangos
- etwas Olivenöl
- 2 EL Honig
- 1 Bund glatte Petersilie
- Salz und Pfeffer

Zubereitung:

1. Zuerst die Bohnen durch ein Sieb geben, mehrmals gründlich waschen und abtropfen lassen.
2. Den Weißkohl säubern und mit einer Reibe sehr fein zerkleinern.
3. Die Granatäpfel halbieren und die Kerne vorsichtig entnehmen.
4. Nun die Mangos schälen, das Fruchtfleisch vom Kern entfernen und in Streifen schneiden.
5. Anschließend die Petersilie waschen und fein hacken.
6. Alle Zutaten in eine Schüssel geben. würzen und servieren.

16. Brokkoli-Joghurt-Salat mit Fenchel

Portionen: 4-6 Personen

Zutaten:

- 1 Brokkolikopf
- 300 g Naturjoghurt
- 1 Pck. Feldsalat
- 2 Fenchelknollen
- 250 g Cherrytomaten
- etwas Olivenöl
- Salz und Pfeffer

Zubereitung:

1. Zuerst den Brokkoli putzen, in kleine Röschen schneiden und in Salzwasser gar kochen.
2. Währenddessen den Feldsalat waschen und gründlich putzen.
3. Den Fenchel waschen und in feine Streifen schneiden.
4. Die Tomaten waschen und halben.
5. Alle Zutaten in eine Schüssel geben und umrühren.
6. Zum Schluss würzen und servieren.

17. Brokkoli-Kichererbsen-Salat mit Pfirsich

Portionen: 4-6 Personen

Zutaten:

- 1 Brokkolikopf
- 2 Dosen Kichererbsen (vorgekocht)
- 2 Schalotten
- 1 Dose Mais
- 4 Pfirsiche
- 1 Bund glatte Petersilie
- Olivenöl oder Rapsöl
- Salz und Pfeffer

Zubereitung:

1. Zuerst den Brokkoli putzen, in Röschen schneiden und in Salzwasser gar kochen.
2. Kichererbsen und Mais durch ein Sieb geben und mehrmals waschen.
3. Die Schalotten schälen und in feine Streifen schneiden.
4. Nun die Pfirsiche waschen, entkernen und ebenfalls in Streifen schneiden.
5. Anschließend die Petersilie waschen und fein hacken.
6. Alle Zutaten in eine Schüssel geben und umrühren.
7. Zum Schluss würzen und servieren.

18. Brokkoli-Nudel-Salat mit Kichererbsen

Portionen: 4-6 Personen

Zutaten:

- 1 Brokkolikopf
- 1 Pck. Spiralnudeln (alternativ auch Farfalle oder Rigatoni)
- 2 Tassen TK-Erbsen
- 1 Dose Kidneybohnen
- 300 g Naturjoghurt
- 3 EL Mayonnaise
- 1 Schuss Milch oder Buttermilch
- Salz und Pfeffer

Zubereitung:

1. Zuerst den Brokkoli putzen und in Röschen schneiden.
2. Die Röschen in Salzwasser gar kochen, in kaltes Wasser abschrecken und abkühlen lassen.
3. Die Nudeln ebenfalls in Salzwasser gar kochen und abkühlen lassen.
4. Nun die Erbsen waschen und abtropfen lassen
5. Anschließend die Kidneybohnen durch ein Sieb geben, mehrmals kräftig waschen und ebenso abtropfen lassen.
6. Joghurt, Mayonnaise Milch, Salz und Pfeffer vorab miteinander vermischen und cremig rühren.
7. Zum Schluss alle Zutaten in eine Schüssel geben. umrühren und servieren.

19. Brokkolisalat mit Pinienkerne

Portionen: 4-6 Personen

Zutaten:

- 1 Brokkolikopf
- 500 g Fleischtomaten
- 1 Dose Mais
- 70-100 g Pinienkerne
- 1 kleines Bund glatte Petersilie
- etwas Öl
- Salz und Pfeffer

Zubereitung:

1. Als Erstes den Brokkoli putzen und in Röschen schneiden.

2. Den Brokkoli in Salzwasser gar kochen, mit kaltem Wasser abschrecken und erkalten lassen.

3. In der Zwischenzeit die Fleischtomaten waschen, vom Strunk entfernen und in Stücke schneiden.

4. Nun den Mais durch ein Sieb geben und mehrmals waschen.

5. In einer Pfanne etwas Öl erhitzen, die Pinienkerne rösten und ebenfalls beiseitestellen.

6. Anschließend die Petersilie waschen und fein hacken.

7. Alle Zutaten nun in eine Schüssel geben, umrühren und servieren.

20. Bruschettasalat

Portionen: 4-6 Personen

Zutaten:

- 400 g Mozzarella Kugeln
- 750 g Fleischtomaten
- 1 Handvoll frischen Basilikum
- 4 Scheiben Weißbrot

- 3-5 EL Balsamico
- etwas Olivenöl
- Salz und Pfeffer

Zubereitung:

1. Als Erstes eine Pfanne erhitzen, das Weißbrot rösten und in Würfel schneiden.
2. In der Zwischenzeit die Tomaten waschen, vom Strunk entfernen und in Würfel schneiden.
3. Nun den Käse als der Salzlake nehmen und leicht trockentupfen.
4. Basilikum waschen und ebenfalls trockentupfen.
5. Alle Zutaten, außer das Brot, in eine Schüssel geben und umrühren.
6. Zum Schluss Balsamico und Öl hinzufügen, gut würzen, mit Weißbrot garnieren und servieren.

21. Bulgur-Hirten-Salat mit Mandarinen und Koriander

Portionen: 4-6 Personen

Zutaten:

- 3 Tassen grobkörniger Bulgur
- 300 g Hirtenkäse
- 2 kleine Dosen Mandarinen
- 1 Handvoll frischen Koriander
- 1 Schalotte

Für das Dressing:

- Mandarinensaft
- 150-200 ml Speiseöl
- 3 EL Teriyaki Sauce
- Saft einer halben Zitrone
- Salz und Pfeffer

Zubereitung:

1. Als Erstes den Bulgur verlesen und mehrmals waschen.
2. Bulgur, Wasser und Salz in einen Topf geben und gar kochen. Anschließend erkalten lassen.
3. In der Zwischenzeit den Käse in Würfel schneiden.
4. Nun die Mandarinen durch ein Sieb geben und dabei das Fruchtwasser auffangen.
5. Anschließend Koriander waschen und fein hacken.
6. Die Schalotte schälen und fein würfeln.
7. Für das Dressing werden alle oben genannten Zutaten miteinander vermengt und umgerührt.
8. Zum Schluss alle Zutaten in eine Schüssel geben, umrühren und servieren.

22. Caprese-Pasta-Salat

Portionen: 4-6 Personen

Zutaten:

- 1 kg Fleischtomaten
- 1,5 Pck. Farfalle
- 500 g Mozzarella
- 1 kleines Bund Basilikum

- 1 Handvoll glatte Petersilie
- etwas Olivenöl
- 3 EL Balsamico
- Salz und Pfeffer

Zubereitung:

1. Zuerst die Nudeln in Salzwasser kochen, abgießen und erkalten lassen.
2. In der Zwischenzeit die Tomaten waschen, vom Strunk entfernen und in Stücke schneiden.
3. Den Mozzarella aus der Salzlake nehmen und in grobe Stücke zupfen.
4. Nun die Petersilie waschen und grob hacken.
5. Basilikum ebenfalls waschen aber nicht hacken.
6. Alle Zutaten in eine Schüssel geben und umrühren.
7. Zum Schluss kräftig würzen, Basilikum hinzufügen, erneut umrühren und servieren.

23. Chinesischer Hähnchen-Mandarinen-Salat

Portionen: 4-6 Personen

Zutaten:

- 650 g Hähnchenbrustfilet
- 2 Dosen Mandarinen
- 1 Fck. Rucola
- 3 Schalotten
- 3 EL Honig

- Saft einer halben Limette
- 3 EL Sesamkörner
- 2 TL Sojasauce
- Salz und Pfeffer
- etwas Öl zum Braten

Zubereitung:

1. Zuerst das Fleisch putzen und in Streifen schneiden.
2. In einer Pfanne etwas Öl erhitzen, das Fleisch goldbraun braten und erstmal beiseitestellen.
3. Nun die Mandarinen durch ein Sieb geben und dabei das Fruchtwasser auffangen.
4. Den Rucola waschen und gründlich putzen.
5. Anschließend die Schalotten schälen und in hauchdünne Ringe schneiden.
6. Alle Zutaten nun in eine Schüssel geben und umrühren.
7. Für das Dressing werden nun Honig, Limettensaft, Sesam, Sojasauce und etwas Öl vermischt.
8. Zum Schluss das Dressing über den Salat geben, kräftig würzen und servieren.

24. Couscous-Hackfleisch-Salat (scharf)

Portionen: 4-6 Personen

Zutaten:

- 3 Tassen grobkörnigen Couscous
- 500 g Hackfleisch
- 2 Schalotten oder Zwiebeln
- 2 TL Chili Flakes
- 1 Chilischote

- 2 TL Ingwerpulver
- 2 TL Knoblauchpulver
- etwas Speiseöl
- Salz und Pfeffer
- etwas Fett oder Öl zum Braten

Zubereitung:

1. Als Erstes etwas Fett oder Öl in eine Pfanne geben.
2. Hackfleisch, Chili Flakes, Ingwer- und Knoblauchpulver hinzufügen, gut umrühren und braten.
3. Couscous verlesen, waschen und in Salzwasser gar kochen.
4. Nun die Zwiebeln schälen und würfeln.
5. Die Chilischote waschen, entkernen und fein hacken.
6. Zum Schluss alle Zutaten in eine Schüssel geben, umrühren und servieren.

25. Cremiger Apfel-Twix-Salat

Portionen: 4-6 Personen

Zutaten:

- 6 rote Äpfel
- 7 Stangen Twix
- 2 Bananen
- 400 g Frischkäse

- 400 g Sahne
- 2 EL Puderzucker
- 1 Spritzer Zitronensaft

Zubereitung:

1. Zuerst die Äpfel waschen, entkernen und in Würfel schneiden.
2. Nun die Twix-Stangen in Stücke schneiden.
3. Anschließend die Bananen schälen und in schmale Scheiben schneiden.
4. Die Schlagsahne steif schlagen und für etwa 5 Minuten in den Kühlschrank geben.
5. Frischkäse, Puderzucker und Zitronensaft vermengen und cremig rühren.
6. Danach die Schlagsahne langsam unterheben und vorsichtig verrühren.
7. Alle Zutaten in eine Schüssel geben, ordentlich vermischen und sofort servieren.

26. Cremiger Eier-Speck-Salat mit Schnittlauch

Portionen: 4-6 Personen

Zutaten:

- 10 hartgekochte Eier
- 500 g Schinkenwürfel

- 6 Schnittlauchhalme
- 3 Schalotten

Für die Creme:

- 400 g Naturjoghurt
- 200 g Creme fraiche
- 3´EL Mayonnaise

- 2 TL Senf
- Salz und Pfeffer

Zubereitung:

1. Zuerst die Eier schälen und in kleine Stücke schneiden.
2. Schinkenwürfel in einer Pfanne anbraten und abkühlen lassen.
3. Nun den Schnittlauch waschen und in feine Röllchen schneiden.
4. Die Schalotten schälen und fein würfeln.
5. Für die Creme werden alle Zutaten miteinander vermengt und cremig gerührt.
6. Zum Schluss alle Zutaten in eine Schüssel geben, umrühren und servieren.

27. Cremiger Fischsalat

Portionen: 4-6 Personen

Zutaten:

- 2 Pck. Räucherlachs
- 750 g Großgarnelen (ohne Schale)
- 1 Weißkohlkopf
- 350 g Naturjoghurt
- 200 g Creme fraiche

- 1 kleines Bund Dill
- Saft einer halben Zitrone
- 1 Schuss Olivenöl
- etwas Öl zum Braten
- Salz und Pfeffer

Zubereitung:

1. Zuerst die Garnelen waschen und trockentupfen.
2. In einer Pfanne etwas Öl erhitzen, die Garnelen braten und erstmal beiseitestellen.
3. Nun den Lachs in Stücke schneiden.
4. Anschließend den Weißkohl putzen und mit einer Reibe fein zerkleinern.
5. Dill waschen und sehr fein hacken.
6. Creme fraiche und Joghurt vorab miteinander vermischen und cremig rühren.
7. Alle Zutaten in eine Schüssel geben, kräftig würzen und servieren.

28. Cremiger Kartoffel-Reis-Salat mit Hähnchen

Portionen: 4-6 Personen

Zutaten:

- 1 kg Kartoffeln
- 3 Tassen Reis
- 6 Tassen Wasser für den Reis
- 1 Handvoll glatte Petersilie
- 600 g Hähnchenbrustfilet
- etwas Öl zum Braten
- 500 g Naturjoghurt
- Salz und Pfeffer
- 2 TL Knoblauchpulver

Zubereitung:

1. Zuerst die Kartoffeln schälen, in Scheiben schneiden und in Salzwasser gar kochen.
2. Den Reis mehrmals waschen.
3. Reis, Wasser und Salz in einen Topf geben und ebenfalls gar kochen.
4. Beides komplett abkühlen lassen.
5. Währenddessen das Fleisch putzen und in feine Streifen schneiden.
6. In einer Pfanne etwas Öl erhitzen und das Fleisch braten.
7. Nun die Petersilie waschen und fein hacken.
8. Zum Schluss alle Zutaten in eine Schüssel geben, umrühren und servieren.

29. Cremiger Kichererbsen-Thunfischsalat

Portionen: 4-6 Personen

Zutaten:

- 2 Dosen vorgekochte Kichererbsen
- 500 g Thunfisch aus der Dose
- 200 g Mayonnaise

- 100 g Creme fraiche
- 350 g Naturjoghurt
- 2 TL Zucker
- Salz und Pfeffer

Zubereitung:

1. Zuerst die Kichererbsen durch ein Sieb geben, mehrmals waschen und abtropfen lassen.
2. Den Thunfisch aus der Dose entnehmen, in eine Schüssel geben, Mayonnaise hinzufügen und mit einer Gabel, alles gründlich vermischen.
3. Creme fraiche, Zucker, Salz, Pfeffer und Naturjoghurt ebenfalls vermischen und cremig rühren.
4. Alle Zutaten nun in eine Schüssel geben und vermischen.
5. Zum Schluss nochmals abschmecken und servieren.

30. Deftiger Kartoffelsalat mit Speck

Portionen: 4-6 Personen

Zutaten:

- 300 g Speck am Stück
- 750-1000 g Kartoffeln
- 200 g Creme fraiche
- 400 g Naturjoghurt
- 2 Schalotten
- 6 Scheiben Kochschinken
- Salz und Pfeffer
- 1 TL Zucker
- etwas Öl zum Braten

Zubereitung:

1. Zuerst die Kartoffeln schälen, waschen, in Scheiben schneiden und in Salzwasser gar kochen. Anschließend die Kartoffeln abkühlen lassen.
2. Währenddessen den Speck in grobe Würfel schneiden und in einer Pfanne kross anbraten.
3. Creme fraiche und Naturjoghurt vorab miteinander vermengen und cremig rühren.
4. Die Schalotten schälen und würfeln.
5. Danach den Kochschinken in grobe Stücke schneiden.
6. Alle Zutaten nun in eine Schüssel geben und umrühren.
7. Zum Schluss abschmecken und servieren.

31. Deftiger Wurst-Kartoffel-Salat mit Speck

Portionen: 4-6 Personen

Zutaten:

- 750-1000 g Kartoffeln
- 250 g Schinkenwürfel
- etwas Fett zum Braten
- 350 g Fleischwurst
- 400 g Naturjoghurt
- 150 g Creme fraiche
- 5 Schnittlauchhalme
- Salz und Pfeffer

Zubereitung:

1. Als Erstes die Kartoffeln schälen, waschen, in Würfel schneiden und in Salzwasser gar kochen. Anschließend komplett abkühlen lassen.
2. In einer Pfanne etwas Fett erhitzen und den Speck krossbraten.
3. Anschließend die Fleischwurst in Würfel schneiden.
4. Danach den Schnittlauch waschen und in feine Röllchen schneiden.
5. Alle Zutaten nun in eine Schüssel geben und umrühren.
6. Zum Schluss abschmecken und servieren.

32. Erdbeer-Balsamico-Salat mit Nudeln

Portionen: 4-6 Personen

Zutaten:

- 1 Pck. Farfalle
- 500 g frische Erdbeeren
- 1 Pck. Rucola
- 70-100 g Pinienkerne
- 5 EL Balsamico
- etwas Rapsöl
- etwas Öl zum Braten
- 1 EL Senf
- etwas Agavendicksaft
- Salz und Pfeffer

Zubereitung:

1. Zuerst die Nudeln in Salzwasser gar kochen, abgießen und komplett erkalten lassen.
2. In der Zwischenzeit den Rucola waschen und gründlich putzen.
3. Nun die Erdbeeren waschen, säubern und vierteln.
4. In einer Pfanne etwas Öl erhitzen, die Pinienkerne rösten und erstmal beiseitestellen.
5. Für das Dressing werden Balsamico, Agavendicksaft, Rapsöl, Senf, Salz und Pfeffer vermischt und gründlich verrührt.
6. Alle Zutaten, inklusive Pinienkerne, in eine Schüssel geben und umrühren.
7. Zum Schluss das Dressing hinzufügen und servieren.

33. Erdbeer-Nudel-Salat mit Orangen-Limetten-Dressing

Portionen: 4-6 Personen

Zutaten:

- 2 Pck. Spinat Bandnudeln
- 500 g Erdbeeren
- 3 Schalotten
- Saft aus 4 Orangen
- Saft aus einer Limette
- etwas Olivenöl
- Honig oder Agavendicksaft
- Salz und Pfeffer

Zubereitung:

1. Zuerst die Nudeln in Salzwasser gar kochen, abgießen und erkalten lassen.

2. Die Erdbeeren waschen, säubern und in Scheiben schneiden.

3. Anschließend die Schalotten schälen, halbieren und in Streifen schneiden.

4. Für das Dressing werden Olivenöl, Agavendicksaft, Salz, Pfeffer, Orangen- und Limettensaft miteinander vermischt.

5. Zum Schluss alle Zutaten in eine Schüssel geben, Dressing hinzufügen und servieren.

34. Feldsalat mit Roter Bete und Walnüssen

Portionen: 4-6 Personen

Zutaten:

- 2 Pck. Feldsalat
- 4 Rote Beete-Knollen (vorgekocht)
- 1 Handvoll Walnüsse
- 3 Schalotten

- etwas Olivenöl
- 2 EL Agavendicksaft
- Pfeffer

Zubereitung:

1. Zuerst den Feldsalat waschen und gründlich putzen.

2. Nun die Rote Beete putzen und in Würfel schneiden.

3. Anschließend die Walnüsse grob hacken.

4. Die Schalotten schälen und in Ringe schneiden.

5. Zum Schluss alle Zutaten in eine Schüssel geben, würzen und servieren.

35. Feldsalat mit Quinoa und Chia-Samen

Portionen: 4-6 Personen

Zutaten:

- 2 Pck. Feldsalat
- 2 Tassen Quinoa
- 1 EL Gemüsebrühe (in Pulverform)
- 3 EL Chia-Samen
- 1 kleine Zucchini
- 1 Pck. braune Champignons
- 10 Cherrytomaten
- etwas Olivenöl
- Salz und Pfeffer

Zubereitung:

1. Zuerst den Quinoa waschen und verlesen.

2. Quinoa, Wasser und Gemüsebrühe in einen Topf geben und gar kochen-

3. In der Zwischenzeit den Feldsalat waschen und gründlich putzen-

4. Die Zucchini grob schälen, längs halbieren und in Stücke schneiden.

5. Anschließend die Champignons gründlich putzen und in feine Scheiben schneiden.

6. Nun die Tomaten waschen und halbieren.

7. Alle Zutaten, außer die Pilze, in eine Schüssel geben und umrühren.

8. Zum Schluss würzen, mit Champignons garnieren und servieren.

36. Fenchel-Spargel-Salat

Portionen: 4-6 Personen

Zutaten:

- 4 Fenchelknollen
- 1 Bund grüner Spargel
- 500 g Erdbeeren
- 2 EL Balsamico
- etwas Olivenöl
- 2 TL Honig
- Salz und Pfeffer

Zubereitung:

1. Zuerst die Fenchelknollen waschen, säubern und in Streifen schneiden.

2. Den grünen Spargel putzen, die Enden abbrechen und in Stücke schneiden.

3. Nun die Erdbeeren waschen, säubern und in Scheiben schneiden.

4. Alle Zutaten in eine Schüssel geben und umrühren.

5. Zum Schluss gut würzen, mit Honig abschmecken und servieren.

37. Frischer Kartoffelsalat mit Speck und Schalotten

Portionen: 4-6 Personen

Zutaten:

- 1000 g Kartoffeln
- 250 g Schinkenwürfel/Speckwürfel
- 3 Schalotten
- 2 Gewürzgurken
- etwas Olivenöl
- Salz und Pfeffer
- etwas Öl zum Braten

Zubereitung:

1. Zuerst die Kartoffeln schälen, waschen und in Scheiben schneiden.
2. Die Kartoffeln in Salzwasser bissfest kochen, abgießen und erkalten lassen.
3. In einer Pfanne etwas Öl erhitzen und den Speck krossbraten.
4. Nun die Schalotten schälen und in feine Streifen schneiden.
5. Die Gewürzgurken längs halbieren und in Stücke schneiden.
6. Alle Zutaten in eine Schüssel geben, kräftig würzen und servieren.

38. Früchtesalat mit Zwiebeln

Portionen: 4-6 Personen

Zutaten:

- 1 Ananas
- 1 kleine Papaya
- 350 g Erdbeeren
- 200 g Heidelbeeren
- 3 rote Äpfel
- 2 Bananen
- 2 Zwiebeln
- 3 EL Agavendicksaft
- etwas Wasser

Zubereitung:

1. Als Erstes die Ananas schälen, putzen und in mundgerechte Würfel schneiden.
2. Nun die Papaya schälen, halbieren, entkernen und ebenfalls würfeln.
3. Die Erdbeeren waschen, vom Strunk entfernen und in Scheiben schneiden.
4. Anschließend die Heidelbeeren waschen und verlesen.
5. Die roten Äpfel waschen, entkernen und in feine Streifen schneiden.
6. Bananen schälen und in schmale Scheiben schneiden.
7. Danach die Zwiebeln schälen, halbieren und in feine Streifen schneiden.
8. Alle Zutaten nun in eine Schüssel geben und umrühren.
9. Agavendicksaft und Wasser vorab vermengen und umrühren.
10. Zum Schluss alles miteinander vermengen und servieren.

39. Fruchtiger Milchreissalat

Portionen: 4-6 Personen

Zutaten:

- 1,5 l Milch
- 250-300 g Milchreis
- 3 EL Zucker

- 1 Päckchen Vanillezucker oder Vanille-Extrakt

- 2 Dosen Fruchtcocktail-Salat
- etwas Zimt nach Belieben

Zubereitung:

1. Zuerst Milch, Zucker und Vanillezucker in einen großen Topf geben, umrühren und zum Kochen bringen.

2. Milchreis hinzugeben, erneut umrühren und auf mittlerer Hitze köcheln lassen. Hierbei ab und zu umrühren.

3. Den fertigen Milchreis nun umfüllen und erkalten lassen.

4. Die Fruchtcocktail-Dose durch ein Sieb geben. das Fruchtwasser dabei nicht auffangen.

5. Alle Zutaten nun in eine Schüssel geben, umrühren und servieren.

40. Garnelen-Papaya-Salat mit frischer Minze. Fruchtiger Milchreissalat

Portionen: 4-6 Personen

Zutaten:

- 1 große Papaya
- 750-1000 g Großgarnleren (ohne Schale)
- 1 Bund glatte Petersilie
- 1 Bund frische Minze
- Saft einer Limette
- 1 EL Agavendicksaft
- etwas Öl zum Braten
- Pfeffer

Zubereitung:

1. Zuerst die Garnelen gründlich waschen und trockentupfen.

2. In einer Pfanne etwas Öl erhitzen, die Garnelen braten und erstmal beiseitestellen.

3. In der Zwischenzeit die Papaya schälen, halbieren, entkernen und würfeln.

4. Petersilie und Minze waschen und fein hacken.

5. Zum Schluss alle Zutaten in eine Schüssel geben, würzen und servieren.

41. Garnelen-Quinoa-Salat mit Birnen

Portionen: 4-6 Personen

Zutaten:

- 750 g Großgarnelen ohne Schale
- 3 Tassen Quinoa
- 4 Birnen
- 2 Zwiebeln
- 1 Handvoll glatte Petersilie
- etwas Rapsöl oder Olivenöl
- 1 Spritzer Zitronensaft
- Salz und Pfeffer
- etwas Öl zum Braten

Zubereitung:

1. Zuerst die Garnelen waschen, gründlich putzen und in Stücke schneiden.

2. In einer Pfanne etwas Öl erhitzen, die Garnelen darin braten und erstmal beiseitestellen.

3. Währenddessen den Quinoa waschen und in Wasser gar kochen.

4. Die Zwiebeln schälen, halbieren und in feine Streifen schneiden.

5. Petersilie waschen und fein hacken.

6. Nun die Birnen waschen, entkernen und ebenfalls in feine Streifen schneiden.

7. Alle Zutaten in eine Schüssel geben und umrühren.

8. Zum Schluss würzen und servieren.

42. Gemischter Feldsalat mit Käse und Ananas

Portionen: 4-6 Personen

Zutaten:

- 2 Pck. Feldsalat
- 1 Ananas
- 1 Granatapfel
- 350 g Gouda am Stück
- 350 g helle Weintrauben
- Saft einer halben Zitrone
- Rapsöl

Zubereitung:

1. Als Erstes den Feldsalat gründlich waschen und putzen.
2. Den Granatapfel halbieren und die Kerne vorsichtig entfernen.
3. Nun die Ananas schälen und in kleine Würfel schneiden.
4. Den Käse in mundgerechte Würfel schneiden.
5. Anschließend die Weintrauben waschen, vom Strunk entfernen und halbieren.
6. Alle Zutaten in eine Schüssel geben, umrühren und servieren.

43. Gemischter Salat mit Kalbsfleisch und Limettendressing

Portionen: 4-6 Personen

Zutaten:

- 1 Pck. Rucola
- 1 Pck. Babyspinat
- 1 Salatgurke
- 350 g Kalbsfilet
- 20 Cherrytomaten

- Saft aus 2 Limetten
- Saft aus einer Orange
- 2 EL Agavendicksaft
- etwas Öl und Butter zum Braten
- Salz und Pfeffer

Zubereitung:

1. Zuerst das Fleisch putzen.
2. In einer Pfanne etwas Öl und Butter erhitzen, das Fleisch braten und in Streifen schneiden.
3. In der Zwischenzeit Rucola und Spinat waschen und gründlich putzen.
4. Die Gurke schälen, waschen und in Würfel schneiden.
5. Nun die Tomaten waschen und halbieren.
6. Für das Dressing werden Agavendicksaft, Orange- und Limettensaft, Salz und Pfeffer miteinander vermischt.
7. Zum Schluss alle Zutaten in eine Schüssel geben, Dressing hinzufügen, würzen und servieren.

44. Gemischter Salat mit Schweinefilet

Portionen: 4-6 Personen

Zutaten:

- 600-750 g Schweine-filet
- 1 Kopf Eisbergsalat
- 1 Pck. Feldsalat
- 2 gelbe Paprika-schoten
- 2 rote Paprikaschoten
- 3 Fleischtomaten
- 2 Schalotten
- etwas Olivenöl
- Saft einer Zitrone
- etwas Öl oder Fett zum Braten
- Pfeffer

Zubereitung:

1. Zuerst das Schweinefilet putzen und in Würfel schneiden.
2. In einer Pfanne etwas Öl oder Fett erhitzen, das Fleisch braten und erstmal beiseitestellen.
3. In der Zwischenzeit den Eisbergsalat waschen, in Stücke zerrupfen und abtropfen lassen.
4. Feldsalat waschen und gründlich putzen.
5. Die Paprikaschoten waschen, entkernen und in Streifen schneiden.
6. Anschließend die Tomaten waschen und würfeln.
7. Nun die Schalotten schälen und in Ringe schneiden.
8. Alle Zutaten in eine Schüssel geben und umrühren.
9. Zum Schluss etwas würzen und servieren.

45. Gurken-Joghurt-Salat mit Schwarzwälder Schinken

Portionen: 4-6 Personen

Zutaten:

- 3 Salatgurken
- 1 Pck. Schwarzwälder Schinken
- 400 g Naturjoghurt
- 2 TL getrocknete Minze
- Saft einer halben Zitrone
- Salz und Pfeffer

Zubereitung:

1. Als Erstes die Gurken waschen und in kleine Würfel schneiden.
2. Den Schwarzwälder Schinken in Stücke schneiden.
3. Zum Schluss alle Zutaten in eine Schüssel geben, umrühren und servieren.

46. Gurkensalat mit Tomatenbulgur

Portionen: 4-6 Personen

Zutaten:

- 4 Tassen grobkörniger Bulgur
- etwas Wasser für den Bulgur
- ½ Tube Tomatenmark
- 2 Salatgurken
- 1 Bund glatte Petersilie
- Salz und Pfeffer

Zubereitung:

1. Zuerst den Bulgur waschen und verlesen.
2. Tomatenmark mit etwa 500ml Wasser vermengen und solange umrühren bis sich das Tomatenmark aufgelöst hat.
3. Bulgur und Tomatenwasser in einen Topf geben, umrühren, etwas Salz hinzufügen und gar kochen.
4. Währenddessen die Salatgurken grob schälen, längs halbieren und in Würfel schneiden.
5. Die Petersilie waschen und fein hacken.
6. Alle Zutaten in eine Schüssel geben und umrühren.
7. Zum Schluss würzen und servieren.

47. Hähnchen-Avocado-Salat mit Pinienkernen

Portionen: 4-6 Personen

Zutaten:

- 750 g Hähnchenbrustfilet
- 5 Avocados
- 100 g Pinienkerne
- 5 Pfirsiche
- 4 Schalotten

- 1 Bund glatte Petersilie
- etwas Öl
- etwas Öl zum Braten
- Salz und Pfeffer

Zubereitung:

1. Als Erstes das Fleisch putzen.

2. In einer Pfanne etwas Öl erhitzen, das Fleisch braten und in Streifen schneiden.

3. Währenddessen die Avocados halbieren, entkernen und das Fruchtfleisch in Würfel schneiden.

4. Die Pfirsiche waschen, entkernen und in Streifen schneiden.

5. Nun die Schalotten schälen und in Ringe schneiden.

6. Anschließend die Petersilie waschen und fein hacken.

7. In einer weiteren Pfanne etwas Öl erhitzen und die Pinienkerne rösten.

8. Alle Zutaten nun in eine Schüssel geben und umrühren.

9. Zum Schluss würzen und servieren.

48. Hähnchen-Joghurt-Salat

Portionen: 4-6 Personen

Zutaten:

- 750 g Hähnchenbrustfilet
- 3 Schalotten
- 2 grüne Paprika
- 500 g Naturjoghurt
- 2 EL Frischkäse
- Salz und Pfeffer

Zubereitung:

1. Zuerst das Fleisch putzen und trockentupfen.
2. In einen großen Topf Wasser erhitzen, das Fleisch langsam gar kochen und erkalten lassen.
3. Das abgekühlte Fleisch nun zerrupfen und erstmal beiseitestellen.
4. In der Zwischenzeit die Schalotten schälen, halbieren und in feine Streifen schneiden.
5. Anschließend die Paprikaschoten waschen, entkernen und ebenfalls in Streifen schneiden.
6. Alle Zutaten in eine Schüssel geben und umrühren.
7. Zum Schluss gut würzen und servieren.

49. Hähnchensalat mit Honig-Senf-Dressing

Portionen: 4-6 Personen

Zutaten:

- 650 g Hähnchenbrustfilet
- 3 Schalotten
- 2 Pck. Rucola
- 1 Salatgurke
- 3 EL mittelscharfer Senf

- 2 EL Honig
- etwas Rapsöl
- etwas Öl zum Braten
- Salz und Pfeffer

Zubereitung:

1. Als Erstes das Fleisch putzen.
2. In einer Pfanne etwas Öl erhitzen, das Fleisch braten und beiseitestellen.
3. Mit Einer Gabel wird nun das Fleisch grob zerrupft.
4. Währenddessen den Rucola waschen und gründlich putzen.
5. Die Schalotten schälen, halbieren und in feine Streifen schneiden.
6. Nun die Salatgurke waschen, längs halbieren und in Scheiben schneiden.
7. Für das Dressing werden Senf, Honig, Rapsöl, Salz und Pfeffer miteinander vermischt und verrührt.
8. Zum Schluss alle Zutaten miteinander vermischen, Dressing darüber geben und servieren.

50. Hähnchen-Spinat-Salat mit Käsewürfel

Portionen: 4-6 Personen

Zutaten:

- 600 g Hähnchenbrustfilet (optimal Innenfilet)
- 2 Pck. Babyspinat
- 2 rote Paprikaschoten

- 350 g Gouda am Stück
- 500 g Naturjoghurt
- etwas Öl zum Braten
- Salz und Pfeffer

Zubereitung:

1. Zuerst das Fleisch putzen und in Würfel schneiden.
2. In einer Pfanne etwas Öl erhitzen und das Fleisch goldbraun braten.
3. Währenddessen die Paprikaschoten waschen, entkernen und in grobe Stücke schneiden.
4. Anschließend den Käse in Würfel hacken.
5. Alle Zutaten in eine Schüssel geben und verrühren.
6. Zum Schluss gut würzen und servieren.

51. Hawaiianischer Käse-Salat

Portionen: 4-6 Personen

Zutaten:

- 3 Tassen Reis
- 6 Tassen Wasser
- 1 Ananas
- 2 Frühlingszwiebeln

- 350 g Gouda am Stück
- 5 Scheiben Koch-schinken oder Geflügelwurst

- etwas Rapsöl
- Salz und Pfeffer

Zubereitung:

1. Als Erstes den Reis mehrmals waschen.
2. Wasser, Reis und eine Prise Salz in einen Topf geben, gar kochen und abkühlen lassen.
3. In der Zwischenzeit die Ananas schälen, putzen und in kleine Stücke schneiden.
4. Die Frühlingszwiebeln schälen, waschen und in feine Röllchen schneiden.
5. Nun den Käse in mundgerechte Würfel hacken.
6. Anschließend den Kochschinken in Stücke schneiden.
7. Alle Zutaten in eine Schüssel geben und umrühren.
8. Zum Schluss kräftig würzen, etwas Öl hinzufügen und servieren.

52. Herbstlicher Salat mit Kürbiskerne

Portionen: 4-6 Personen

Zutaten:

- 2 Pck. Rucola
- 2 Süßkartoffeln
- 4 rote Äpfel

- 70-100 g Kürbiskerne
- 3 Schalotten

- etwas Olivenöl
- Salz und Pfeffer

Zubereitung:

1. Zuerst den Backofen auf 200 Grad vorheizen.
2. Die Süßkartoffeln schälen, waschen und in Streifen schneiden.
3. Nun alle Streifen aufs Backblech legen, mit Olivenöl beträufeln, kräftig würzen und für etwa 20-30 Minuten backen.
4. In der Zwischenzeit den Rucola gründlich waschen und putzen.
5. Die Äpfel ebenfalls waschen, entkernen und in Würfel schneiden.
6. Anschließend die Schalotten schälen, halbieren und in feine Streifen schneiden.
7. Alle Zutaten in eine Schüssel geben und umrühren.
8. Zum Schluss würzen, mit Süßkartoffeln garnieren und servieren.

53. Indischer Kartoffelsalat (Scharf)

Portionen: 4-6 Personen

Zutaten:

- 1,5 kg Kartoffeln
- 3 Schalotten
- 3 rote Paprika-schoten
- 2 grüne Paprika-schoten

- 1 Chilischote
- 3 Knoblauchzehen
- etwas Olivenöl oder Rapsöl
- 1 Bund glatte Petersilie

- 3 EL Currypulver
- 2 TL Paprikapulver
- Salz und Pfeffer

Zubereitung:

1. Zuerst die Kartoffeln schälen, waschen und in grobe Stücke schneiden.
2. Die Kartoffeln in Salzwasser gar kochen und abkühlen lassen.
3. In der Zwischenzeit die Schalotten schälen, halbieren und in Streifen schneiden.
4. Nun die Paprikaschoten waschen, entkernen und würfeln.
5. Die Chilischote waschen, entkernen und fein hacken.
6. Anschließend die Petersilie waschen und ebenfalls fein hacken.
7. Knoblauch schälen und in Scheiben schneiden.
8. Alle Zutaten in eine Schüssel geben und umrühren.
9. Zum Schluss kräftig würzen und servieren.

54. Indischer Spaghetti-Mango-Salat (scharf)

Portionen: 4-6 Personen

Zutaten:

- 2 Pck. Spaghetti
- 4 Mangos
- 3 Frühlingszwiebeln
- 1 Chilischote

- 1 Stück Ingwer
- 4 Knoblauchzehen
- etwas Olivenöl
- 2 EL Currypulver

- 2 EL Paprikapulver
- Salz und Pfeffer

Zubereitung:

1. Zuerst die Spaghetti halbieren, in Salzwasser gar kochen und erkalten lassen.
2. Nun die Mangos schälen, das Fruchtfleisch vom Kern entfernen und in Stücke schneiden.
3. Nun die Frühlingszwiebeln schälen, waschen und in Röllchen schneiden.
4. Anschließend die Chilischote waschen, entkernen und ebenfalls in feine Röllchen schneiden.
5. Danach den Ingwer schälen, putzen und fein hacken.
6. Knoblauch ebenfalls schälen und in Scheiben schneiden.
7. Alle Zutaten in eine Schüssel geben und umrühren.
8. Zum Schluss kräftig würzen und servieren.

55. Kartoffel-Lachs-Salat

Portionen: 4-6 Personen

Zutaten:

- 1 kg Kartoffeln
- 2 Pck. Räucherlachs
- 1 Bund Dill
- 200 g Mayonnaise
- 250 g Creme fraiche
- 2 TL Zucker
- Salz und Pfeffer

Zubereitung:

1. Als Erstes die Kartoffeln schälen, waschen und in Würfel schneiden.
2. Die Kartoffeln in Salzwasser gar kochen und komplett erkalten lassen.
3. Nun den Lachs in Stücke schneiden.
4. Anschließend den Dill waschen und fein zerhacken.
5. Alle Zutaten nun in eine Schüssel geben und umrühren.
6. Zum Schluss gut würzen, Zucker hinzufügen und servieren.

56. Kichererbsen-Mandarinen-Salat mit Petersilie

Portionen: 4-6 Personen

Zutaten:

- 2 Dosen Kichererbsen (vorgekocht)
- 2 Dosen Mandarinen
- 1 Pck. Babyspinat
- 3 EL Tahini (Sesampaste)
- 1 Handvoll glatte Petersilie
- Saft einer halben Zitrone
- 1 Schuss Olivenöl
- Pfeffer

Zubereitung:

1. Zuerst die Kichererbsen durch ein Sieb geben und mehrmals waschen.
2. Nun die Mandarinen ebenfalls durch ein Sieb geben aber dabei das Fruchtwasser auffangen.
3. Anschließend den Spinat waschen und gründlich putzen.
4. Die Petersilie waschen und fein hacken.
5. Zitronensaft, Öl, Tahini und Mandarinen-Saft vorab miteinander vermischen.
6. Alle Zutaten in eine Schüssel geben und umrühren.
7. Zum Schluss das Dressing hinzufügen, würzen und servieren.

57. Kidneybohnensalat mit Avocados und Basilikum

Portionen: 4-6 Personen

Zutaten:

- 2 große Dosen Kidneybohnen (oder 3-4 kleine Dosen)
- 5 Avocados
- 4 Schalotten
- 5 Frühlingszwiebeln
- 1 Dose Mais
- etwas Olivenöl
- Salz und Pfeffer

Zubereitung:

1. Zuerst Kidneybohnen und Mais in ein Sieb geben, mehrmals gründlich waschen und abtropfen lassen.
2. In der Zwischenzeit die Avocados halbieren, entkernen und das Fruchtfleisch würfeln-
3. Die Schalotten schälen, halbieren und in feine Streifen schneiden.
4. Nun die Frühlingszwiebeln schälen, waschen und in feine Röllchen schneiden.
5. Zum Schluss alle Zutaten in eine Schüssel geben, umrühren und servieren.

58. Kräuter-Nektarinen-Salat mit Ingwer und Kokos

Portionen: 4-6 Personen

Zutaten:

- 1 Bund glatte Petersilie
- 1 Handvoll Koriander
- 10 Nektarinen
- 1 kleines Stück Ingwer

- 3 TL Kokosöl
- etwas Olivenöl oder Rapsöl
- Saft einer halben Limette
- Salz und Pfeffer

Zubereitung:

1. Zuerst Koriander und Petersilie waschen und sehr fein hacken.
2. Die Nektarinen waschen, entkernen und in feine Streifen schneiden.
3. Anschließend den Ingwer schälen und mit einem Mörser sehr fein zerdrücken.
4. Kokosöl, Öl, Limettensaft und Ingwer miteinander vermischen, umrühren und für paar Minuten kalt stellen.
5. In der Zwischenzeit alle Zutaten miteinander vermengen und umrühren.
6. Zum Schluss das Kokos-Dressing hinzufügen, würzen und servieren.

59. Linsen-Avocado-Salat mit Reis

Portionen: 4-6 Personen

Zutaten:

- 3 Tassen feine Linsen
- 3 Tassen Reis
- 6 Tassen Wasser für den Reis
- 5 Avocados
- 2 Zwiebeln
- 1 kleines Bund glatte Petersilie
- Salz und Pfeffer

Zubereitung:

1. Als Erstes die Linsen verlesen und gründlich waschen.
2. Linsen in einen Topf geben, Wasser hinzufügen, gar kochen und erkalten lassen.
3. Anschließend den Reis mehrmals waschen, in Salzwasser kochen und ebenfalls kalt stellen.
4. In der Zwischenzeit die Avocados halbieren, entkernen und das Fruchtfleisch in Stücke schneiden.
5. Nun die Zwiebeln schälen und in feine Würfel schneiden.
6. Petersilie waschen und fein hacken.
7. Alle Zutaten nun in eine Schüssel geben, umrühren und servieren.

60. Makkaroni-Oliven-Salat mit Putenfleisch

Portionen: 4-6 Personen

Zutaten:

- 2 Pck. Putenbrustwurst
- 1 Pck. Makkaroni-Nudeln
- 100 g schwarze Oliven (entkernt)
- 3 Frühlingszwiebeln

- 400 g Naturjoghurt
- etwas Olivenöl
- Salz und Pfeffer

Zubereitung:

1. Zuerst die Nudeln in Salzwasser gar kochen, abgießen und kalt stellen.
2. In der Zwischenzeit die Wurst in Stücke schneiden.
3. Nun die Oliven grob zerkleinern.
4. Anschließend die Frühlingszwiebeln schälen, waschen und in feine Röllchen schneiden.
5. Alle Zutaten in eine Schüssel geben, kräftig würzen und servieren.

61. Macaroni-Salat

Portionen: 4-6 Personen

Zutaten:

- 1 Pck. Korkenziehernudeln
- 1 große Dosen Erbsen und Möhren
- 1 Dose Mais
- 400 g Naturjoghurt
- 200 g Creme fraiche
- Salz und Pfeffer

Zubereitung:

1. Als Erstes die Nudeln in Salzwasser gar kochen und abkühlen lassen.
2. In der Zwischenzeit Möhren, Erbsen und Mais aus der Dose nehmen, durch ein Sieb geben und gut abtropfen lassen.
3. Naturjoghurt und Creme fraiche vorab miteinander vermischen und cremig rühren.
4. Alle Zutaten nun in eine Schüssel geben und gut verrühren.
5. Zum Schluss würzen und servieren.

62. Mandarinen-Spinat-Salat mit Quinoa

Portionen: 4-6 Personen

Zutaten:

- 3 Tassen Quinoa
- 6 Tassen Wasser
- 1 große Dose Mandarinen
- 2 Pck. Babyspinat
- 2 Schalotten
- 1 Handvoll glatte Petersilie
- Saft einer halben Limette
- Pfeffer

Zubereitung:

1. Zuerst den Quinoa mehrmals waschen und verlesen.
2. Quinoa in Salzwasser gar kochen und für etwa 10 Minuten ruhen lassen.
3. Anschließend den Quinoa umfüllen und erstmal beiseitestellen.
4. In der Zwischenzeit die Mandarinen durch ein Sieb geben und dabei das Fruchtwasser auffangen.
5. Babyspinat gründlich waschen und putzen.
6. Nun die Petersilie waschen und sehr fein hacken.
7. Alle Zutaten in eine Schüssel geben und umrühren.
8. Mandarinen- und Limettensaft miteinander vermischen, gut würzen und über den Salat geben.
9. Zum Schluss umrühren und sofort servieren.

63. Mediterraner Obstsalat

Portionen: 4-6 Personen

Zutaten:

- 1 Papaya
- 1 Ananas
- 200 g Heidelbeeren
- 200 g Brombeeren
- 4 Bananen
- 3 EL Agavendicksaft
- etwas Wasser
- 5 Basilikumblätter
- 1 TL getrockneter Rosmarin
- Pfeffer

Zubereitung:

1. Als Erstes die Papaya schälen, entkernen und in Würfel schneiden.
2. Die Ananas ebenfalls schälen, putzen und in mundgerechte Würfel schneiden.
3. Nun die Heidelbeeren und Brombeeren waschen und verlesen.
4. Anschließend die Bananen schälen und in schmale Scheiben schneiden.
5. Basilikum waschen und sehr fein hacken.
6. Rosmarin, Wasser, Basilikum, Agavendicksaft vorab miteinander vermischen und für etwa 10 Minuten kühl stellen.
7. In der Zwischenzeit alle Zutaten in eine Schüssel geben und umrühren.
8. Zum Schluss das Dressing hinzufügen, würzen und servieren.

64. Mediterraner Kartoffelsalat mit Olivenöl und Kräutern

Portionen: 4-6 Personen

Zutaten:

- 750-1000 g Kartoffeln
- 6 getrocknete Tomaten (eingelegt)
- 2 TL getrockneter Thymian
- 3 Knoblauchzehen
- 3 Schalotten
- 1 kleines Bund glatte Petersilie
- etwas Olivenöl
- etwas Öl zum Braten
- Salz und Pfeffer

Zubereitung:

1. Als Erstes die Kartoffeln schälen, waschen und in mundgerechte Würfel schneiden.
2. Die Kartoffeln in Salzwasser solange kochen, bis sie noch nicht ganz gar sind.
3. In einer Pfanne etwas Öl erhitzen, die Kartoffeln gar braten und erstmal beiseitestellen.
4. Währenddessen die getrockneten Tomaten grob hacken. Dabei etwas von dem Öl beiseitelegen.
5. Nun den Knoblauch schälen und in Scheiben schneiden.
6. Die Schalotten ebenfalls schälen, halbieren und in Streifen schneiden.
7. Anschließend die Petersilie waschen und fein hacken.
8. Alle Zutaten in eine Schüssel geben und umrühren.
9. Zum Schluss würzen und servieren.

65. Melonen-Schalotten-Salat

Portionen: 4-6 Personen

Zutaten:

- 2 Honigmelonen
- 5 Schalotten
- 1 Bund glatte Petersilie

Zubereitung:

1. Zuerst die Honigmelone halbieren, entkernen und das Fruchtfleisch in mundgerechte Stücke schneiden.
2. Die Schalotten schälen und in hauchdünne Ringe schneiden.
3. Anschließend die Petersilie waschen und fein hacken.
4. zum Schluss alle Zutaten in eine Schüssel geben, umrühren und servieren.

66. Mexikanischer Maissalat mit Fetakäse

Portionen: 4-6 Personen

Zutaten:

- 1000 g Fleischtomaten
- 300 g Fetakäse
- 2 Dosen Mais
- 1 Dose Kidneybohnen
- 2 Zwiebeln
- 2 TL Paprikapulver
- 2 TL Knoblauchpulver
- etwas Rapsöl
- Salz und Pfeffer

Zubereitung:

1. Als Erstes die Tomaten waschen, vom Strunk entfernen und in Stücke schneiden.
2. Mais und Kidneybohnen durch ein Sieb geben, mehrmals waschen und trockentupfen.
3. Nun den Käse aus der Salzlake nehmen und in grobe Stücke schneiden.
4. Anschließend die Zwiebeln schälen und fein würfeln.
5. Alle Zutaten in eine Schüssel geben und umrühren.
6. Zum Schluss kräftig würzen und servieren.

67. Nudel-Eier-Salat

Portionen: 4-6 Personen

Zutaten:

- 2 Pck. Spiralnudeln
- 6-8 hartgekochte Eier
- 250 g Mayonnaise
- 300 g Naturjoghurt
- 4 Gewürzgurken
- 3-5 TL Zucker
- Saft einer halben Zitrone
- Salz und Pfeffer

Zubereitung:

1. Zuerst die Nudeln in Salzwasser bissfest kochen, abgießen und erkalten lassen.
2. Die Eier schälen und grob hacken.
3. Nun die Gurken in Würfel schneiden.
4. Mayonnaise, Joghurt, Zucker und Zitrone vorab miteinander vermischen und cremig rühren.
5. Zum Schluss alle Zutaten in eine Schüssel geben, umrühren, kräftig würzen und servieren.

68. Nudel-Joghurt-Salat mit Koriander und Minze

Portionen: 4-6 Personen

Zutaten:

- 1 Pck. Farfalle oder Spiralnudeln
- 400 g Naturjoghurt
- 3 TL getrocknete Minze
- 1 Handvoll Koriander
- 2 TL Butter
- Salz und Pfeffer

Zubereitung:

1. Zuerst die Nudeln in Salzwasser gar kochen, abgießen und erkalten lassen.
2. Währenddessen den Koriander waschen und fein hacken.
3. Alle Zutaten nun in eine Schüssel geben und umrühren.
4. Zum Schluss würzen und servieren.

69. Nudel-Radieschen-Salat mit Räucherlachs

Portionen: 4-6 Personen

Zutaten:

- 1 Pck. Farfalle Nudeln
- 7 Radieschen
- 1 Pck. Babyspinat
- 400 g Räucherlachs
- 150 ml Speiseöl
- 1 Handvoll frischen Dill
- 1 Handvoll glatte Petersilie
- Saft einer Zitrone
- Salz und Pfeffer

Zubereitung:

1. Als Erstes die Nudeln in Salzwasser gar kochen und abkühlen lassen.
2. Die Radieschen putzen, waschen und in feine Scheiben schneiden.
3. Nun den Spinat waschen.
4. Anschließend den Lachs in Stücke schneiden.
5. Dill und glatte Petersilie waschen und fein hacken.
6. Zum Schluss alle Zutaten in eine Schüssel geben, umrühren und servieren.

70. Nudelsalat mit Würstchen

Portionen: 4-6 Personen

Zutaten:

- 1 Pck. Spiralnudeln
- 5-7 Wiener Würstchen (Schwein oder Geflügel)
- 4 große Gewürzgurken
- 1 Dose Mais
- 400 g Naturjoghurt
- 200 g Creme fraiche
- 2 EL Mayonnaise
- 1 TL mittelscharfer Senf
- 2 TL Zucker
- Salz und Pfeffer

Zubereitung:

1. Zuerst die Nudeln in Salzwasser gar kochen, abgießen und abkühlen lassen.
2. Währenddessen die Würstchen in Stücke schneiden.
3. Nun die Gewürzgurken längs halbieren und in kleine Würfel schneiden.
4. Den Mais durch ein Sieb geben, mehrmals waschen und abtropfen lassen.
5. Creme fraiche, Mayonnaise, Senf, Zucker und Joghurt vorab miteinander vermischen und cremig rühren.
6. Zum Schluss alle Zutaten in eine Schüssel geben, umrühren, würzen, abschmecken und servieren.

71. Nudel-Speck-Salat mit Kräutern

Portionen: 4-6 Personen

Zutaten:

- 1 Pck. Spiralnudeln
- 300 g Schinkenwürfel/Speckwürfel
- 1 kleines Bund glatte Petersilie
- 6 große Fleischtomaten
- 2 gelbe Paprikaschoten
- etwas Olivenöl
- etwas Öl zum Braten
- Salz und Pfeffer

Zubereitung:

1. Als Erstes die Nudeln in Salzwasser kochen, abgießen und erkalten lassen.
2. In einer Pfanne etwas Öl erhitzen, den Speck braten und erstmal beiseitestellen.
3. Währenddessen die Petersilie waschen und fein hacken.
4. Anschließend die Tomaten waschen und in kleine Würfel schneiden.
5. Danach die Paprikaschoten ebenfalls waschen, entkernen und in Streifen schneiden.
6. Alle Zutaten in eine Schüssel geben und umrühren.
7. Zum Schluss würzen und servieren.

72. Orangen-Brot-Salat mit Schalotten

Portionen: 4-6 Personen

Zutaten:

- 5 Orangen
- 4 Scheiben Weißbrot/Toastbrot
- 2 Schalotten
- 1 Handvoll glatte Petersilie
- etwas Olivenöl
- Saft einer Orange
- etwas Agavendicksaft
- Salz und Pfeffer
- etwas Öl zum Rösten

Zubereitung:

1. Als Erstes das Weißbrot in Würfel schneiden.
2. In einer Pfanne etwas Öl erhitzen, das Brot darin anrösten und erstmal beiseitestellen.
3. In der Zwischenzeit die Orangen schälen und filetieren.
4. Nun die Schalotten schälen und in Ringe schneiden.
5. Die Petersilie waschen und fein hacken.
6. Alle Zutaten, außer das Brot, in eine Schüssel geben und umrühren.
7. Zum Schluss würzen, mit Brot garnieren und servieren.

73. Orangen-Karotten-Salat mit Schweinefilet

Portionen: 4-6 Personen

Zutaten:

- 7 Orangen
- 5 Karotten
- 1 Handvoll frische Minze
- 200 ml Speiseöl
- 1 Schuss Orangensaft
- Salz und Pfeffer

Zubereitung:

1. Als Erstes die Orangen schälen und filetieren.
2. Die Karotten schälen und mit einer Reibe fein raspeln.
3. Anschließend die Minze waschen und fein hacken.
4. Zum Schluss alle Zutaten in eine Schüssel, umrühren und servieren.

74. Panzanella (Italienischer Brotsalat)

Portionen: 4-6 Personen

Zutaten:

- 5 Scheiben Weißbrot (optimal vom Vortag)
- 500 g Cherrytomaten
- 1 kleines Bund Basilikum
- 2-3 Schalotten
- 2 Knoblauchzehen
- 2 TL Brauner Zucker
- etwas Olivenöl
- Salz und Pfeffer

Zubereitung:

1. Zuerst das Toastbrot in gleichmäßige Würfel schneiden.
2. In einer Pfanne etwas Olivenöl erhitzen, Toastbrotwürfel rösten und erstmal beiseitestellen.
3. Währenddessen die Tomaten waschen, vom Strunk entfernen und halbieren.
4. Die Schalotten schälen und in feine Streifen schneiden.
5. Nun den Knoblauch schälen und in Scheiben schneiden.
6. Alle Zutaten in eine Schüssel geben und umrühren.
7. Zucker, etwas Olivenöl, Salz und Pfeffer hinzufügen, nochmals umrühren und servieren.

75. Paprika-Orangen-Salat mit Basilikum

Portionen: 4-6 Personen

Zutaten:

- 3 rote Paprikaschoten
- 3 gelbe Paprika-schoten
- 4 Schalotten
- 5 Orangen
- 1 Handvoll glatte Petersilie
- 1 Handvoll Basilikum
- etwas Olivenöl
- Saft einer halben Zitrone
- Salz und Pfeffer

Zubereitung:

1. Zuerst die Paprikaschoten waschen, entkernen und in Ringe schneiden.
2. Die Schalotten schälen und ebenfalls in Ringe schneiden.
3. Nun die Orangen schälen und filetieren.
4. Petersilie und Basilikum waschen und sehr fein hacken.
5. Alle Zutaten anschließend in eine Schüssel geben und umrühren.
6. Zum Schluss würzen und servieren.

76. Pfirsich-Kokos-Salat

Portionen: 4-6 Personen

Zutaten:

- 7 Pfirsiche
- 2 Schalotten
- 3 TL Kokosöl
- etwas Rapsöl oder Olivenöl

- Saft einer halben Limette
- 2 TL Agavendicksaft (optional)
- 1 Handvoll glatte Petersilie
- Salz und Pfeffer

Zubereitung:

1. Als Erstes die Pfirsiche waschen, entkernen und in feine Streifen schneiden.
2. Die Schalotten schälen und in Ringe schneiden.
3. Nun die Petersilie waschen und fein hacken.
4. Alle Zutaten in eine Schüssel geben und umrühren.
5. Zum Schluss würzen und servieren.

77. Pflaumen-Ingwer-Salat mit Orangen und Nüssen

Portionen: 4-6 Personen

Zutaten:

- 1 Pck. Feldsalat
- 1 Pck. Babyspinat
- 1 k eines Stück Ingwer
- 8 frische Pflaumen
- 5 Orangen
- 1 Handvoll Walnüsse
- 1 Handvoll Macadamia-Nüsse
- etwas Olivenöl oder Rapsöl
- Salz und Pfeffer

Zubereitung:

1. Zuerst Feldsalat und Babyspinat waschen und gründlich putzen.
2. Den Ingwer schälen, putzen und fein hacken.
3. Nun die Pflaumen waschen, entkernen und würfeln.
4. Orangen schälen und filetieren.
5. Danach die Nüsse grob hacken.
6. Alle Zutaten in eine Schüssel geben und umrühren.
7. Zum Schluss würzen und servieren.

78. Puten-Mango-Salat mit frischer Minze

Portionen: 4-6 Personen

Zutaten:

- 650 g Putenbrustfilet
- 5 Mangos
- 2 Schalotten
- 1 Handvoll frische Minze
- 1 kleine Dose Mandarinen
- etwas Öl zum Braten
- Salz und Pfeffer

Für das Dressing:

- Mandarinensaft
- etwas Speiseöl
- Saft einer halben Zitrone
- Salz und Pfeffer

Zubereitung:

1. Zuerst das Fleisch putzen und in feine Streifen schneiden.
2. In einer Pfanne etwas Öl erhitzen, das Fleisch braten und erkalten lassen.
3. Nun die Mangos schälen, das Fruchtfleisch vom Kern entfernen und würfeln.
4. Die Schalotten schälen und in Streifen schneiden.
5. Anschließend die Mandarinen durch ein Sieb geben und das Fruchtwasser dabei auffangen.
6. Für das Dressing alle oben genannten Zutaten miteinander vermengen und umrühren.
7. Zum Schluss alle Zutaten in eine Schüssel geben, umrühren und servieren.

79. Quinoa-Feldsalat mit Tahini-Dressing

Portionen: 4-6 Personen

Zutaten:

- 1 Pck. Feldsalat
- 1 Pck. Rucola
- 3 Tassen Quinoa
- 1 Dose Mais
- 1 Salatgurke

- 2 Schalotten
- etwas Olivenöl oder Rapsöl
- 4 EL Tahini (Sesampaste)
- Saft einer halben Zitrone
- Salz und Pfeffer

Zubereitung:

1. Als Erstes den Quinoa waschen und in Wasser gar kochen.
2. Rucola und Feldsalat waschen und gründlich putzen.
3. Nun den Mais durch ein Sieb geben und mehrmals waschen.
4. Anschließend die Gurke waschen und in kleine Würfel schneiden.
5. Danach die Schalotten schälen, halbieren und in feine Streifen schneiden.
6. Für das Dressing werden Tahini, Öl, Zitronensaft, Salz und Pfeffer miteinander vermischt.
7. Alle Zutaten nun in eine Schüssel geben und umrühren.
8. Zum Schluss das Dressing hinzufügen, erneut umrühren und servieren.

80. Quinoa-Tomaten-Salat mit Schalotten

Portionen: 4-6 Personen

Zutaten:

- 3 Tassen Quinoa
- 500-700 g Fleischtomaten
- 3 Avocados
- 1 Salatgurke
- 1 Dose Mais

- 2 Schalotten
- 1 Bund glatte Petersilie
- etwas Olivenöl
- Saft einer halben Zitrone
- Salz und Pfeffer

Zubereitung:

1. Zuerst den Quinoa waschen, verlesen und in Salzwasser gar kochen.
2. Währenddessen die Tomaten waschen, vom Strunk entfernen und in grobe Würfel schneiden.
3. Die Avocados halbieren, entkernen und das Fruchtfleisch grob hacken.
4. Nun die Salatgurke schälen, waschen und in kleine Würfel schneiden.
5. Anschließend den Mais durch ein Sieb geben und mehrmals waschen.
6. Schalotten schälen und fein hacken.
7. Die Petersilie waschen und ebenfalls fein hacken.
8. Alle Zutaten in eine Schüssel geben, kräftig würzen und servieren.

81. Ravioli-Salat mit Speck

Portionen: 4-6 Personen

Zutaten:

- 300 g Speck am Stück
- etwas Öl oder Fett zum Braten
- 2 Pck.en Ravioli (gefüllt mit Spinat und Ricotta)
- 1 Pck. Babyspinat
- 500 g Naturjoghurt
- Salz und Pfeffer

Zubereitung:

1. Als Erstes den Speck in kleine Würfel schneiden.
2. In einer Pfanne etwas Öl erhitzen, den Speck anbraten und abkühlen lassen.
3. Nun die Ravioli in Salzwasser gar kochen und ebenfalls abkühlen lassen.
4. Anschließend den Spinat waschen.
5. Zum Schluss alle Zutaten in eine Schüssel, umrühren und servieren.

82. Rucolasalat mit Feta und Champignons

Portionen: 4-6 Personen

Zutaten:

- 2 Pck. Rucola
- 400 g Fetakäse oder Hirtenkäse
- 1 Pck. braune Champignons
- 1 Pck. weiße Champignons
- 2 Zwiebeln
- etwas Olivenöl
- Salz und Pfeffer

Zubereitung:

1. Zuerst den Käse aus der Salzlake nehmen und in grobe Stücke schneiden.
2. Rucola waschen und sehr gründlich putzen.
3. Nun die Champignons putzen und in feine Scheiben schneiden.
4. Anschließend die Zwiebeln schälen und würfeln.
5. Alle Zutaten, außer die Champignons, in eine Schüssel geben und umrühren.
6. Zum Schluss würzen, mit Champignons garnieren und servieren.

83. Scharfer Avocado-Brot-Salat

Portionen: 4-6 Personen

Zutaten:

- 6-8 Scheiben Baguettebrot
- 6 Avocados
- 2 Schalotten
- ½ Chilischote (rot)

- 3 Knoblauchzehen
- etwas Olivenöl
- etwas Öl zum Braten

- 1 Spritzer Zitronensaft
- Salz und Pfeffer

Zubereitung:

1. In einer Pfanne etwas Öl erhitzen, die Brotscheiben goldbraun anrösten und in Stücke schneiden.
2. Nun die Avocados halbieren, entkernen und das Fruchtfleisch grob würfeln.
3. Anschließend die Schalotten schälen und in feine Ringe schneiden.
4. Die Chilischote entkernen und fein hacken.
5. Danach den Knoblauch schälen und in schmale Scheiben schneiden.
6. Alle Zutaten in eine Schüssel geben, kräftig würzen und servieren.

84. Sommerlicher Kichererbsensalat

Portionen: 4-6 Personen

Zutaten:

- 2 Dosen vorgekochte Kichererbsen
- 2 gelbe Paprikaschoten
- 12 Cherrytomaten
- 2 Frühlingszwiebeln
- 2 Schalotten
- 1 kleines Bund glatte Petersilie
- 1 Handvoll frische Minze
- etwas Olivenöl oder Rapsöl
- Saft einer halben Zitrone
- Salz und Pfeffer

Zubereitung:

1. Als Erstes die Kichererbsen durch ein Sieb geben, mehrmals waschen und abtropfen lassen.
2. In der Zwischenzeit die Paprikaschoten waschen, entkernen und in Würfel schneiden.
3. Frühlingszwiebeln schälen, waschen und in feine Röllchen schneiden.
4. Nun die Cherrytomaten waschen, vom Strunk entfernen und halbieren.
5. Die Schalotten schälen und in feine Würfel schneiden.
6. Anschließend Minze und Petersilie waschen und fein hacken.
7. Alle Zutaten in eine große Schüssel geben und gut vermischen.
8. Öl und Zitronensaft hinzufügen, kräftig würzen und servieren.

85. Schneller Weißkohlsalat mit Rote Beete und Joghurt

Portionen: 4-6 Personen

Zutaten:

- 1 Weißkohlkopf
- 2 Rote Beete Knollen (vorgekocht)
- 1 große Dose Mais

- 2 Frühlingszwiebeln
- 450 g Naturjoghurt
- Salz und Pfeffer

Zubereitung:

1. Zuerst den Weißkohl putzen und mit einer Reibe fein zerkleinern.
2. Die Rote Beete putzen und in kleine Würfel schneiden.
3. Nun den Mais durch ein Sieb geben und mehrmals waschen.
4. Anschließend die Frühlingszwiebeln schälen, waschen und in feine Röllchen schneiden.
5. Zum Schluss alle Zutaten in eine Schüssel geben, würzen und servieren.

86. Shrimps-Salat mit Creme fraiche

Portionen: 4-6 Personen

Zutaten:

- 750-1000 g Garnelen (ohne Schale)
- 1 Pck. Rigatoni oder Farfalle
- 300 g Creme fraiche
- 200 g Naturjoghurt
- 2 Knoblauchzehen
- etwa 5 Schnittlauchhalme
- Salz und Pfeffer
- etwas Öl zum Braten

Zubereitung:

1. Als Erstes die Garnelen waschen, putzen und abtropfen lassen.
2. In der Zwischenzeit die Nudeln in Salzwasser gar kochen und abkühlen lassen.
3. Den Knoblauch schälen und in feine Scheiben schneiden.
4. In einer Pfanne etwas Öl erhitzen, den Knoblauch leicht anschwitzen, Garnelen hinzufügen, gut würzen und krossbraten.
5. Anschließend Creme fraiche und Joghurt miteinander vermischen und cremig rühren.
6. Schnittlauch waschen und in feine Röllchen schneiden.
7. Alle Zutaten in eine große Schüssel geben und gut umrühren.
8. Zum Schluss nochmals würzen, mit Schnittlauch garnieren und servieren.

87. Spaghetti-Wurst-Salat

Portionen: 4-6 Personen

Zutaten:

- 2 Pck. Spaghetti
- 5 Wiener Würstchen (Schwein oder Geflügel)
- 2 Tassen Tiefkühl-Erbsen
- 1 Dose Mais
- etwas Rapsöl
- Salz und Pfeffer

Zubereitung:

1. Zuerst die Spaghetti in Salzwasser al dente kochen, abgießen und komplett erkalten lassen.
2. Die Würstchen in Stücke schneiden.
3. Nun die Erbsen waschen.
4. Anschließend den Mais durch ein Sieb geben und mehrmals waschen.
5. Alle Zutaten in eine Schüssel geben und umrühren.
6. Zum Schluss etwas Öl hinzufügen, kräftig würzen und servieren.

88. Spargel-Schinken-Salat mit Couscous

Portionen: 4-6 Personen

Zutaten:

- 1 Bund grünen Spargel
- 4 Scheiben Kochschinken
- 3 Tassen grobkörnigen Couscous
- 1 Pck. Babyspinat
- etwas Speiseöl
- Saft einer halben Zitrone
- Salz und Pfeffer

Zubereitung:

1. Als Erstes den grünen Spargel putzen, das Ende abtrennen und in Stücke schneiden.
2. Couscous verlesen, waschen, in Salzwasser gar kochen und abkühlen lassen.
3. Nun den Spinat waschen.
4. Anschließend alle Zutaten in eine Schüssel geben und umrühren.
5. Zum Schluss abschmecken und servieren.

89. Spargel-Speck-Salat mit Honig-Senf-Dressing

Portionen: 4-6 Personen

Zutaten:

- 1 Bund grüner Spargel
- 250 g Schinkenwürfel/Speckwürfel
- 1 Pck. Babyspinat
- 15 Cherrytomaten
- 5 EL Honig
- 3 EL mittelscharfer Senf
- 1 Schuss Rapsöl
- etwas Öl zum Braten
- Salz und Pfeffer

Zubereitung:

1. Zuerst den Spargel putzen, die Enden abbrechen und in Stücke schneiden.
2. In einer Pfanne etwas Öl erhitzen und den Speck braten.
3. Nun den Spinat waschen und gründlich putzen.
4. Anschließend die Tomaten waschen und halbieren.
5. Für das Dressing werden Öl, Honig, Senf, Salz und Pfeffer miteinander vermischt.
6. Alle Zutaten nun in eine Schüssel geben und umrühren.
7. Zum Schluss das Dressing darüber geben und servieren.

90. Spinat-Ananas-Salat mit Kürbiskerne

Portionen: 4-6 Personen

Zutaten:

- 2 Pck. Babyspinat
- 1 große Ananas
- 100 g Kürbiskerne
- 1 Handvoll Cranberries

- etwas Olivenöl
- 2 EL Agavendicksaft
- Salz und Pfeffer

Zubereitung:

1. Als Erstes den Spinat waschen und gründlich putzen.
2. Nun die Ananas schälen und in Stücke schneiden.
3. Alle Zutaten in eine Schüssel geben und umrühren.
4. Zum Schluss würzen und servieren.

91. Spinat-Champignon-Salat

Portionen: 4-6 Personen

Zutaten:

- 2 Pck. Babyspinat
- 1 Pck. braune Champignons
- 3 Zwiebeln
- 1 kleines Bund glatte Petersilie
- Saft einer Zitrone
- etwas Olivenöl
- Salz und Pfeffer

Zubereitung:

1. Als Erstes den Spinat waschen und gründlich putzen.
2. Die Champignons ebenfalls putzen und in schmale Scheiben schneiden.
3. Nun die Zwiebeln schälen und in Ringe schneiden.
4. Anschließend die Petersilie waschen und fein hacken.
5. Zum Schluss alle Zutaten in eine Schüssel geben, umrühren, mit den Champignons garnieren und servieren.

92. Spinatsalat mit Roter Bete und Avocados

Portionen: 4-6 Personen

Zutaten:

- 2 Pck. Babyspinat
- 5 rote Beete Knollen (vorgekocht)
- 1 Dose Mais
- 1 Dose Kichererbsen (vorgekocht)
- 4 Avocados
- 2 Zwiebeln
- etwas Olivenöl
- Salz und Pfeffer

Zubereitung:

1. Zuerst Mais und Kichererbsen durch ein Sieb geben und mehrmals waschen.
2. Babyspinat waschen und gründlich putzen.
3. Nun die Rote Beete putzen und in mundgerechte Stücke schneiden.
4. Anschließend die Avocados halbieren, entkernen und das Fruchtfleisch ebenfalls würfeln.
5. Die Zwiebeln schälen und in Ringe schneiden.
6. Alle Zutaten in eine Schüssel geben und umrühren.
7. Zum Schluss würzen und servieren.

93. Spinatsalat mit Süßkartoffeln

Portionen: 4-6 Personen

Zutaten:

- 2 Pck. Babyspinat
- 1 Handvoll Rucola
- 3 Süßkartoffeln
- 2 Zwiebeln
- 10 Cherrytomaten
- 2 gelbe Paprikaschoten
- etwas Olivenöl
- Saft einer Zitrone
- Salz und Pfeffer

Zubereitung:

1. Als Erstes die Süßkartoffeln schälen, waschen und in Würfel schneiden.
2. Den Ofen auf 200 Grad vorheizen
3. Süßkartoffeln auf ein Blech verteilen, würzen, mit l beträufeln und für etwa 25-30 Minuten backen. Anschließend abkühlen lassen.
4. Währenddessen Babyspinat und Rucola waschen und gründlich putzen.
5. Nun die Zwiebeln schälen und in hauchdünne Ringe schneiden.
6. Die Cherrytomaten waschen und halbieren.
7. Danach die Paprikaschoten waschen, entkernen und in schmale Streifen schneiden.
8. Alle Zutaten in eine Schüssel geben und umrühren.
9. Zum Schluss nochmals würzen und servieren.

94. Steak-Spinat-Salat mit Pfirsichen

Portionen: 4-6 Personen

Zutaten:

- 5 Scheiben Rinder-Minutensteak
- 2 Pck. Babyspinat
- 70 g Pinienkerne
- 6 frische Pfirsiche
- 3 Schalotten
- etwas Olivenöl
- Salz und Pfeffer
- etwas Öl und/oder ein Stück Butter zum Braten

Zubereitung:

1. Als Erstes Öl und Butter in einer Pfanne erhitzen.
2. Fleisch hineingeben, gut würzen, braten und anschließend in Streifen schneiden.
3. In einer weiteren Pfanne etwas Öl erhitzen, die Pinienkerne darin rösten und erstmal beiseitestellen.
4. Währenddessen den Spinat waschen und gründlich putzen.
5. Die Pfirsiche waschen, entkernen und in Streifen schneiden.
6. Nun die Schalotten schälen, halbieren und ebenfalls in Streifen schneiden.
7. Alle Zutaten, außer das Fleisch, in eine Schüssel geben und umrühren.
8. Zum Schluss mit dem Fleisch garnieren und servieren.

95. Steak-Taco-Salat

Portionen: 4-6 Personen

Zutaten:

- 400-500 g Rumpsteak (Alternativ auch 6 Scheiben Rinder-Minutensteak)
- 3 Scheiben Tortilla-Wraps
- 2 Pck. Feldsalat
- 3 Schalotten
- etwas Olivenöl
- Salz und Pfeffer
- Öl zum Frittieren und Braten

Zubereitung:

1. Als Erstes das Fleisch putzen und in Scheiben schneiden.
2. In einer Pfanne etwas Öl erhitzen, das Fleisch braten und anschließend in Streifen schneiden.
3. Die Tortilla-Wraps in Dreiecke schneiden und in heißem Öl knusprig frittieren.
4. In der Zwischenzeit den Feldsalat waschen und gründlich putzen.
5. Nun die Schalotten schälen und in feine Streifen schneiden.
6. Alle Zutaten in eine Schüssel geben und umrühren.
7. Zum Schluss kräftig würzen und servieren.

96. Süßer Bohnensalat

Portionen: 4-6 Personen

Zutaten:

- 2 Dosen weiße Bohnen
- 1 großes Bund glatte Petersilie
- 1 Handvoll Babyspinat
- 3 EL Agavendicksaft
- 1 Spritzer Zitronensaft

Zubereitung:

1. Als Erstes die Bohnen durch ein Sieb geben und mehrmals waschen.
2. Petersilie und Babyspinat waschen und putzen.
3. Alle Zutaten in einen Mixer geben und cremig pürieren.
4. Zum Schluss abschmecken und servieren.

97. Süßer Brotsalat

Portionen: 4-6 Personen

Zutaten:

- 5 Scheiben Baguettebrot
- 4 Mangos
- 3 Schalotten
- etwas Öl zum Braten
- Salz und Pfeffer

Zubereitung:

1. In einer Pfanne etwas Öl erhitzen, die Brotscheiben rösten und in Würfel schneiden.
2. Währenddessen die Mangos schälen, das Fruchtfleisch vom Kern entfernen und in Streifen schneiden.
3. Nun die Schalotten schälen und in Ringe schneiden.
4. Zum Schluss alle Zutaten in eine Schüssel geben, würzen und servieren.

98. Toskanischer Nudelsalat mit getrockneten Tomaten

Portionen: 4-6 Personen

Zutaten:

- 1 Pck. Rigatoni
- 1 Pck. Rucola
- 6 getrocknete Tomate plus Öl
- 2 gelbe Paprikaschoten
- 2 Orange Paprikaschoten
- 3 Orangen
- 2 Zwiebeln
- etwas Olivenöl
- Salz und Pfeffer

Zubereitung:

1. Als Erstes die Nudeln in Salzwasser bissfest kochen, abgießen und erkalten lassen.
2. In der Zwischenzeit den Rucola waschen und gründlich putzen.
3. Nun die getrockneten Tomaten grob hacken und dabei das Öl auffangen.
4. Anschließend die Paprikaschoten waschen, entkernen und in Streifen schneiden.
5. Die Orangen schälen und filetieren.
6. Danach die Zwiebeln schälen und in Ringe schneiden.
7. Alle Zutaten in eine Schüssel geben und umrühren.
8. Zum Schluss Öl hinzufügen, kräftig würzen und servieren.

99. Thunfisch-Mais-Salat (scharf)

Portionen: 4-6 Personen

Zutaten:

- 3 Dosen Thunfisch
- 2 Dosen Mais
- 250 g Mayonnaise
- 450 g Naturjoghurt
- 2 Gewürzgurken
- 1 Pck. Babyspinat
- 2-3 TL Meerrettich Paste
- Salz und Pfeffer

Zubereitung:

1. Zuerst den Thunfisch aus der Dose nehmen, leicht abtropfen lassen und mit einer Gabel zerdrücken.
2. Babyspinat waschen.
3. Nun den Mais durch ein Sieb geben und mehrmals waschen.
4. Mayonnaise und Naturjoghurt miteinander vermengen und cremig rühren.
5. Anschließend die Gewürzgurken in kleine Würfel schneiden.
6. Zum Schluss alle Zutaten in eine Schüssel, umrühren und servieren.

100. Thunfischsalat

Portionen: 4-6 Personen

Zutaten:

- 500-650 g Thunfisch aus der Dose
- 1 Dose Mais
- 250 g Mayonnaise
- 5 EL Naturjoghurt
- 3 Avocados
- 5 hartgekochte Eier
- 1 Spritzer Zitronensaft
- Salz und Pfeffer
- 1 EL Zucker

Zubereitung:

1. Zuerst den Fisch aus der Dose nehmen und mit einer Gabel zerdrücken.
2. Mayonnaise nun hinzufügen und gründlich miteinander vermischen.
3. Anschließend den Mais durch ein Sieb geben und mehrmals waschen.
4. Die Avocados halbieren, entkernen und das Fruchtfleisch würfeln.
5. Nun die Eier schälen und klein hacken.
6. Alle Zutaten in eine Schüssel geben und verrühren.
7. Zum Schluss Joghurt, Zitronensaft und Zucker hinzufügen, kräftig würzen und servieren.

101. Tomatensalat mit Schweinefilet

Portionen: 4-6 Personen

Zutaten:

- 1000 g Fleischtomaten
- 3 Zwiebeln
- 600 g Schweinefilet
- etwas Öl zum Braten

- 2 Knoblauchzehen
- 1 kleines Bund glatte Petersilie
- 200 ml Speiseöl
- Salz und Pfeffer

Zubereitung:

1. Zuerst das Fleisch putzen und in mundgerechte Stücke schneiden.
2. In einer Pfanne etwas Öl erhitzen, das Fleisch darin anbraten und erkalten lassen.
3. Die Tomaten waschen, vom Strunk entfernen und in kleine Würfel schneiden.
4. Nun den Knoblauch schälen und in Scheiben schneiden.
5. Anschließend die Zwiebeln schälen und in feine Würfel schneiden.
6. Die Petersilie waschen und fein hacken.
7. Zum Schluss alle Zutaten in eine Schüssel geben, umrühren und servieren.

102. Tabouleh mit Granatapfel und Fetakäse

Portionen: 4-6 Personen

Zutaten:

- 4-6 Bund glatte Petersilie
- 2 Tassen feiner Bulgur
- etwa 100 ml Wasser für den Bulgur
- 1 Granatapfel

- 1 Tomate
- 1 Zwiebel
- 350 g Fetakäse
- etwas Rapsöl

Zubereitung:

1. Zuerst den Bulgur mit Wasser vermischen und für etwa 10-15 Minuten quellen lassen.
2. In der Zwischenzeit die Petersilie waschen und sehr fein hacken.
3. Den Granatapfel halbieren und die Kerne entfernen.
4. Nun die Tomate waschen und in sehr feine Würfel schneiden.
5. Den Fetakäse aus der Salzlake und in grob zerkleinern.
6. Alle Zutaten in eine Schüssel geben, umrühren und servieren.

103. Tomaten-Bulgur-Salat mit Schalotten

Portionen: 4-6 Personen

Zutaten:

- 3 Tassen grobkörniger Bulgur
- 1 Tube Tomatenmark
- etwas Wasser für den Bulgur
- 2 Zwiebeln
- 1 Fleischtomate

- ½ Salatgurke
- etwas Olivenöl
- etwas Zitronensaft
- Salz und Pfeffer

Zubereitung:

1. Zuerst den Bulgur waschen und verlesen.
2. Nun Tomatenmark in Wasser auflösen.
3. Tomatenwasser, Bulgur und etwas Salz in einen Topf geben und gar kochen. Anschließend umfüllen und komplett erkalten lassen.
4. In der Zwischenzeit den Zwiebeln schälen und sehr fein hacken.
5. Die Tomate waschen und in feine Würfel schneiden.
6. Danach die Salatgurke schälen, waschen und ebenfalls in kleine Würfel schneiden.
7. Alle Zutaten nun in eine Schüssel geben und umrühren.
8. Zum Schluss würzen und servieren.

104. Tomaten-Zucchini-Salat

Portionen: 4-6 Personen

Zutaten:

- 1 kg Fleischtomaten
- 1 grüne Zucchini
- 1 gelbe Zucchini
- 4 Frühlingszwiebeln
- Saft einer Zitrone
- etwas Olivenöl
- Salz und Pfeffer

Zubereitung:

1. Zuerst die Tomaten waschen, vom Strunk entfernen und in mundgerechte Würfel schneiden.
2. Die Zucchini putzen, grob schälen und etwas kleiner würfeln.
3. Nun die Frühlingszwiebeln schälen, waschen und in Röllchen schneiden.
4. Anschließend alle Zutaten in eine Schüssel geben und umrühren.
5. Zum Schluss kräftig würzen und servieren.

105. Truthahn-Mandarinen-Salat

Portionen: 4-6 Personen

Zutaten:

- 600 g Truthahnbrustfilet
- 2 Dosen Mandarinen
- 3 Zwiebeln
- 1 Handvoll glatte Petersilie
- etwas Öl zum Braten
- 1 Schuss Olivenöl
- Pfeffer

Zubereitung:

1. Zuerst das Fleisch putzen und trockentupfen.
2. In einer Pfanne etwas Öl erhitzen, das Fleisch braten und in Würfel schneiden.
3. Nun die Mandarinen durch ein Sieb geben und dabei das Fruchtwasser auffangen.
4. Die Zwiebeln schälen und in hauchdünne Ringe schneiden.
5. Anschließend die Petersilie waschen und fein hacken.
6. Alle Zutaten in eine Schüssel geben und umrühren.
7. Zum Schluss Öl, Mandarinensaft und Pfeffer hinzufügen, erneut umrühren und sofort servieren.

106. Veganer Blumenkohl-Salat

Portionen: 4-6 Personen

Zutaten:

- 2 Köpfe Blumenkohl
- 300 g Sojajoghurt (natur)
- 3 EL Creme fraiche (vegan und optional)
- 2 Tassen Tiefkühl-Erbsen
- 3 Möhren
- 1 Dose Mais
- 1 kleines Bund glatte Petersilie
- Salz und Pfeffer

Zubereitung:

1. Zuerst den Blumenkohl putzen, in kleine Röschen schneiden und in Salzwasser gar kochen.
2. Währenddessen die Erbsen waschen und abtropfen lassen.
3. Nun die Möhren schälen, waschen und in schmale Scheiben schneiden.
4. Mais durch ein Sieb geben und waschen.
5. Alle Zutaten in eine Schüssel geben und umrühren.
6. Sojajoghurt und Creme fraiche vorab cremig rühren und zum Salat geben.
7. Zum Schluss würzen und servieren.

107. Weihnachtssalat mit Fetakäse und Speck

Portionen: 4-6 Personen

Zutaten:

- 1 Butternutkürbis
- 4 Rote Beete-Knollen (vorgekocht)
- 1 Handvoll Walnüsse
- 1 Handvoll glatte Petersilie

- 300 g Fetakäse
- 350 g Speck am Stück
- etwas Olivenöl
- Salz und Pfeffer

Zubereitung:

1. Als Erstes den Kürbis schälen, entkernen und in mundgerechte Stücke schneiden.
2. Den Ofen auf 180 Grad vorheizen.
3. Kürbis auf ein Backblech geben, mit Olivenöl einpinseln, würzen und für 30 Minuten backen.
4. Währenddessen den Speck in Würfel schneiden und in einer Pfanne braten.
5. Die Walnüsse grob hacken.
6. Anschließend den Käse in Würfel schneiden.
7. Zum Schluss alle Zutaten in eine Schüssel geben, umrühren und servieren.

108. Wurst-Brot-Salat

Portionen: 4-6 Personen

Zutaten:

- 6 Wiener Würstchen (Geflügel oder Schwein)
- 5 Scheiben Weißbrot
- 2 gelbe Paprikaschoten
- 2 rote Paprikaschoten
- 15 Cherrytomaten
- etwas Rapsöl
- Öl zum Rösten
- Salz und Pfeffer

Zubereitung:

1. Zuerst die Würstchen in Stücke schneiden.
2. Das Weißbrot in Würfel schneiden.
3. In einer Pfanne etwas Öl erhitzen, das Brot goldbraun rösten und erstmal beiseitestellen.
4. In der Zwischenzeit die Paprikaschoten waschen, entkernen und in Streifen schneiden.
5. Nun die Tomaten waschen und halbieren.
6. Alle Zutaten in eine Schüssel geben und umrühren.
7. zum Schluss gut würzen, mit Brot garnieren und servieren.

109. Zwiebel-Fenchel-Salat mit Orangen

Portionen: 4-6 Personen

Zutaten:

- 4 Zwiebeln
- 2 Fenchelknollen
- 5 Orangen
- 70 g Pinienkerne

- Öl zum Rösten
- Olivenöl
- Salz und Pfeffer

Zubereitung:

1. Zuerst die Zwiebeln schälen und in hauchdünne Ringe schneiden.
2. Den Fenchel waschen, säubern und in feine Streifen schneiden.
3. In einer Pfanne etwas Öl erhitzen, die Pinienkerne darin rösten und abkühlen.
4. Nun die Orangen schälen und filetieren.
5. Alle Zutaten in eine Schüssel geben und umrühren.
6. Zum Schluss würzen und servieren.

110. Zwiebel-Garnelen-Salat mit Koriander

Portionen: 4-6 Personen

Zutaten:

- 750 g Großgarnelen ohne Schale
- 4 Zwiebeln
- 1 Bund Koriander
- 1 Granatapfel
- Olivenöl
- Salz und Pfeffer
- Öl zum Braten

Zubereitung:

1. Zuerst die Garnelen waschen und trocken tupfen.
2. In einer Pfanne etwas Öl erhitzen, die Garnelen braten und erstmal beiseitestellen.
3. Währenddessen die Zwiebel schälen, halbieren und in feine Streifen schneiden.
4. Nun den Koriander waschen und fein hacken.
5. Den Granatapfel halbieren und die Kerne vorsichtig entfernen.
6. Zum Schluss alle Zutaten in eine Schüssel geben, würzen, umrühren und servieren.

111. Zwiebelsalat mit Schweinefleisch

Portionen: 4-6 Personen

Zutaten:

- 600 g Schweinefilet
- 3 Zwiebeln
- 3 Schalotten
- 2 gelbe Paprikaschoten
- 2 rote Paprikaschoten
- 1 Bund glatte Petersilie

- etwas Olivenöl
- 2 EL Balsamico
- 1-2 EL Agavendicksaft
- Öl oder Fett zum Braten
- Salz und Pfeffer

Zubereitung:

1. Zuerst das Fleisch putzen und in Streifen schneiden.
2. In einer Pfanne Öl oder Fett erhitzen, das Schweinefleisch braten und beiseitestellen.
3. In der Zwischenzeit die Schalotten und Zwiebeln schälen und in hauchdünne Ringe schneiden.
4. Paprikaschoten waschen, entkernen und ebenfalls in Ringe schneiden.
5. Nun die Petersilie waschen und fein hacken.
6. Für das Dressing werden Öl, Balsamico, Agavendicksaft, Salz und Pfeffer miteinander vermischt.
7. Alle Zutaten in eine Schüssel geben und umrühren.
8. Zum Schluss das Dressing hinzufügen und servieren.

Rechtliches und Impressum

Das Werk einschließlich aller Inhalte ist urheberrechtlich geschützt. Der Nachdruck oder Reproduktion, gesamt oder auszugsweise, sowie die Einspeicherung, Verarbeitung, Vervielfältigung und Verbreitung mit Hilfe elektronischer Systeme, gesamt oder auszugsweise, ist ohne schriftliche Genehmigung des Autors untersagt. Alle Übersetzungsrechte vorbehalten.

Die Inhalte dieses Buches wurden anhand von anerkannten Quellen recherchiert und mit hoher Sorgfalt geprüft. Der Autor übernimmt dennoch keinerlei Gewähr für die Aktualität, Richtigkeit und Vollständigkeit der bereitgestellten Informationen.

Haftungsansprüche gegen den Autor, welche sich auf Schäden gesundheitlicher, materieller oder ideeler Art beziehen, die durch Nutzung oder Nichtnutzung der dargebotenen Informationen bzw. durch die Nutzung fehlerhafter und unvollständiger Informationen verursacht wurden, sind grundsätzlich ausgeschlossen, sofern seitens des Autors kein nachweislich vorsätzliches oder grob fahrlässiges Verschulden vorliegt. Dieses Buch ist kein Ersatz für medizinische oder professionelle Beratung und Betreuung.

Copyright Jana Pradler
Auflage 02/2019
Kein Abschnitt des Textes darf in irgendeiner Form
ohne Zustimmung des Autors verwendet werden.
Kontakt: Tim Ong/ Türkstr. 4/ 30167 Hannover
Icongestaltung: Freepik - www.flaticon.com
Coverfoto: Sea Wave/shutterstock.com
Formatierung: Jana Pradler